民族文字出版专项资金资助项目

云 朵 羌 寨

藏羌彝文化走廊传统村落研究丛书

云朵羌寨

——四川省阿坝藏族羌族自治州理县蒲溪乡休溪村

RRDDEIM DA RRMA CUIHEI

—— SICHUAEN SSEAGEA RRMEABBA SSUGEA ZHEAXEALEA BBAELU VVUA ZZUGEA HLHOUJI CUAGEA

著 ◎耿　静

摄 ◎银福忠　耿　静

SICHUAEN SSEAGEA RRMUB LEHHRR HHXXEM

四川民族出版社

图书在版编目（CIP）数据

云朵羌寨：四川省阿坝藏族羌族自治州理县蒲溪乡休溪村 / 耿静著；银福忠，耿静摄. — 成都：四川民族出版社，2024.1
（藏羌彝文化走廊传统村落研究丛书）
ISBN 978-7-5733-1714-8

Ⅰ. ①云… Ⅱ. ①耿… ②银… Ⅲ. ①村史—阿坝藏族羌族自治州 Ⅳ. ①K29.715

中国国家版本馆CIP数据核字（2024）第007001号

藏羌彝文化走廊传统村落研究丛书

YUNDUO QIANGZAI

云　朵　羌　寨

——四川省阿坝藏族羌族自治州理县蒲溪乡休溪村

著 ◎耿　静　　**摄** ◎银福忠　耿　静

出 版 人	泽仁扎西
责任编辑	秦　琳
责任印制	谢孟豪
出版发行	四川民族出版社
地　　址	四川省成都市青羊区敬业路108号T区
成品尺寸	170mm×240mm
印　　张	12.25
字　　数	250千
制　　作	四川胜翔数码印务设计有限公司
印　　刷	四川华龙印务有限公司
版　　次	2024年1月第1版
印　　次	2024年1月第1次印刷
书　　号	ISBN 978-7-5733-1714-8
定　　价	56.00元

《藏羌彝文化走廊传统村落研究丛书》
编委会

总序

保护传统村落：传承发展藏羌彝走廊优秀传统文化

党的二十大以来，习近平总书记高度重视中华优秀传统文化的传承发展，始终从中华民族最深沉精神追求的深度看待优秀传统文化，从国家战略资源的高度继承优秀传统文化，从推动中华民族现代化进程的角度创新发展优秀传统文化，使之成为实现“两个一百年”奋斗目标和中华民族伟大复兴的根本性力量。习近平总书记做出的一系列重要论述，为传承和创新发展中华优秀传统文化指引了方向。“要加强对中华优秀传统文化的挖掘和阐发，使中华民族最基本的文化基因与当代文化相适应、与现代社会相协调，把跨越时空、超越国界、富有永恒魅力、具有当代价值的文化精神弘扬起来。要推动中华文明创造性转化、创新性发展，激活其生命力，让中华文明同各国人民创造的多彩文明一道，为人类提供正确精神指引。要围绕我国和世界发展面临的重大问题，着力提出能够体现中国立场、中国智慧、中国价值的理念、主张、方案。”

2024年，四川省委提出统筹推进新型城镇化和乡村全面振兴，推动城乡融合发展迈出实质性步伐的要求。省政府提出加快建设宜居宜业和美乡村，提升县城综合承载能力和服务功能，提升乡村产业发展、乡村建设和乡村治理水平，促进县域经济高质量发展，加快形成城乡融合发展新格局。我们此次出版的这套《藏羌彝文化走廊传统村落研究丛书》，就是贯彻中央和省重大战略部署的具体措施。

我国西部的横断山区居住着许多少数民族，在漫长的历史中，各民族南来北往、繁衍迁徙，各种文化在这里深入地沟通交流，形成了民族走廊型的文化特点。这种文化特点，体现了中华民族多元一体格局形成的历史过程，是促进民族团结、增强国家认同的重要文化特质。首先，民族走廊立足于自然环境的丰富性和复杂性。横断山区的自然环境特点是河流从北向南奔流，两岸岭谷并列，河谷深切。海拔差从800米左右到6500米以上不等，气候、土壤、植被都呈垂直分布。东西向的交通被高山和河流阻隔，主要的人口和商品流动以南北向移动为主，东西向则沿比较固定的通道流动。其次，民族走廊内历史上的人群迁移频繁，各种文化深度融合，形成了各民族“你中有我，我中有你”的整体。各民族文化的丰富性和走廊内文化的混合性特征，促进了文化资源的积淀，为文化产业发展、精准扶贫提供了条件。

为落实传承发展优秀传统文化，加快建设具备引领示范效应的特色文化产业带，进一步促进西部地区、民族地区特色文化产业发展，把文化产业培育成为区域经济支柱性产业，保护文化生态，传承民族文化，增强国家认同，促进民族团结，文化部、财政部印发了《藏羌彝文化产业走廊总体规划》（以下简称《规划》）。《规划》提出的目标是：“合理利用地方和民族特色文化资源，在与产业和市场的结合中实现民族文化的有效传承和保护，培育各具特色的民族文化产业品牌；以改善民生为出发点，加快发展特色文化产业，实现文化富民；推进文化与生态、旅游的融合发展，把藏羌彝文化产业走廊建设成为世界级文化旅游目的地；推动文化产业成为区域经济支柱性产业，为西部和民族地区的振兴繁荣提供强大动力。”

《规划》划定的核心区域位于四川省、贵州省、云南省、西藏自治区、陕西省、甘肃省、青海省等7省（区）交汇处，包括四川省甘孜藏族自治州、阿坝藏族羌族自治州、凉山彝族自治州，贵州省毕节市，云南省楚雄彝族自治州、迪庆藏族自治州，西藏自治区拉萨市、昌都地区、林芝地区，甘肃省甘南藏族自治州，青海省黄南藏族自治州等7个省（区）的11个市（州、地区），覆盖面积超过68万平方千米，藏、羌、彝等少数民族人口超过760万。而直接辐射的区域包括四川省绵阳市、乐山市、雅安市、攀枝花市，贵州省六盘水市，云南省丽江市、大理白族自治州，西藏自治区山南地区、那曲地区，陕西省宝鸡市、汉中市，甘肃省临夏回族自治州、武威市、张掖市、陇南市，青海省海北藏族自治州、海南藏族自治州、海西蒙古族藏族自治州、果洛藏族自治州、玉树藏族自治州，以及与上述区域紧密相连的西部省（区、市）藏、羌、彝、纳西、苗等少数民族聚居区域。四川省民族地区的所有州县全部进入规划范围，这既是保护传统文化的重要决策，更是使中华民族传统基因与现代生活结合的重要举措。

藏羌彝文化产业走廊中，将重点发展以下文化产业：

第一，文化旅游。推进文化资源向旅游产品转化，培育一批具有藏羌彝特色的文化旅游景区景点，布局一批民族文化体验消费场所，鼓励发展自驾游、自助游等新兴文化旅游业态。重视历史文化名城名镇名村和传统村落保护，支持建设民族风情休闲街区、特色村镇、旅游度假区，鼓励特色旅游餐饮和主题酒店发展，延伸文化旅游产业链。

第二，演艺娱乐。整合文化与旅游资源，在知名旅游景区培育高品质、有地方特色和民族特色的演艺精品和演艺娱乐场所，积极发展集演艺、休闲、旅游、餐饮、购物、健身于一体的综合性娱乐设施，提高藏羌彝文化产业走廊旅游业的人文内涵和文化吸引力，促进演艺娱乐与旅游业良性互动、有机结合。积极挖掘旅游演艺的巨大市场潜力，形成若干演艺精品汇集、聚集效应明显的旅游演艺特色产业群。加强舞美设计、舞台布景创意和舞台技术装备创新，创作具有深厚民族文化内涵的实景演出和具有较强参与性、互动性的体验情景剧目。

第三，工艺美术。发掘藏、羌、彝等民族的文化元素，突出地域特色，强化品牌意识，在保护多样性和独特性的基础上，促进工艺美术产业集约化、规模化发展。坚持保护传承和创新发展相结合，加快工艺美术产品与创意设计、现代科技和时代元素融合，增加文化含量和科技含量，提高产品附加值。支持开发具有地域特色和民族风情的特色文化用品、工艺品和旅游商品。鼓励发展“公司+农户”经营模式，促进民族民间手工艺品生产和销售，鼓励农民通过手工技艺增收致富。

第四，文化创意等新兴业态。促进民族文化元素与高新技术、音乐制作、时尚设计、广告设计、家居装饰设计相结合，大力推进文化创意、设计服务与相关产业融合发展。营造创意设计氛围，不断提高创意设计能力，提高特色文化产品的创意设计水平。鼓励具备条件的地区挖掘优秀地方和民族特色文化，推进文化科技融合创新，发展动漫游戏、网络音乐、网络演艺、网络广告、文化电子商务和增值服务等新兴业态。依托藏羌彝文化产业走廊人文、自然资源，开展国际性摄影活动，建设世界级摄影基地。

《规划》和四川省的《藏羌彝文化产业走廊四川区域三年行动计划》基本完成后，在四川的藏羌彝走廊地区形成了基于传统文化保护，合理利用地方和民族特色文化资源的局面。各地以改善民生为出发点，培育各类文化市场主体，依托传统文化走廊和现代交通枢纽，发挥通道经济和文化旅游的带动聚集效应，在与产业和市场的结合中实现民族文化的有效传承和保护，推动文化产业成为当地国民经济重要支柱性产业。

藏羌彝文化产业走廊和传统村落保护的关系，是传承利用和文化根脉的关系。传统村落承载的传统文化，既是文化产业赖以生存的资源，更是文化创意植根的土壤。没有传统村落，藏羌彝文化产业走廊就没有灵魂。

《藏羌彝文化走廊传统村落研究丛书》已经被列入国家重点图书出版

规划，包括藏、羌、彝、苗四个民族的代表性传统村落村落志和相关的传统村落保护研究著作。这几个民族村寨都已列入国家级传统村落名录，村落志的写作将以扎实的田野调查为基础，客观深入地对村落文化特质进行研究，明确其人与自然的关系、社会的特点、民间信仰的方式等重要的基础信息，尤其重视系统梳理只属于这一村落的独特文化现象，为传统村落保护提供依据。同时，我们将基于习近平总书记关于传统文化保护、乡村振兴的重要思想，依据省委省政府的重大部署，从学术上讨论藏羌彝文化走廊中传统村落保护与文化产业发展的关系，探寻更为适当的路径，为这一区域保护优秀传统文化、改善民生、促进民族团结和增强各民族的国家认同做出贡献。

李锦

2018.12.11

2024.03.07修订

2016年

休溪村被列入第四批中国传统村落名录。

2017年

休溪村被列入第三批四川省传统村落名录。

目 录

目 录

SSEAZEA GUOTA

第五章　平淡的日常生活　/097

RBBOU-HRRE DDAERREI

第六章　回响的羊皮鼓声　/123

目　录

第一章

D I Y I Z H A N G

高山峡谷里的村落保护

SUGVEAI ZUEAKVUA CUIVEAI BAOFU

一 羌族传统村落研究综述

RRMA GVER-VA CUIVEAI GAEPE SSEAME

传统村落是富有地域特色的文化空间载体，凝聚着各民族的生存智慧和创造力。它以丰富的表现形式再现了各民族的审美取向、思维方式、伦理道德、价值观念及对自然生态的认识，是历史记忆和文化遗产的重要表达，是我们守望精神家园的重要传承基地。

（一）我国实施村落保护的历程

1982年，我国公布了第一批国家历史文化名城的名单，启动了对历史文化名城、优秀历史文化遗产的保护工作。1986年，国务院转批城乡建设环境保护部、文化部《关于请公布第二批国家历史文化名城名单的报告》，重点关注了文物古迹比较集中、某个历史时期传统风貌完整和民族地方特色浓郁的建筑群、小镇和村寨。2002年，《中华人民共和国文物保护法》强调了要保护“文物特别丰富且具有重大历史价值或革命纪念意义的村庄”。在此期间，非物质文化遗产概念传入我国，受到国家层面的重视与采纳，随之而来的是传统村落被作为承载文化空间列入保护与研究的范畴。传统村落保护与发展的研究进一步受到重视，研究方向主要集中在其概念、意义、内涵、存在问题及解决对策。

“2000年至2010年，我国自然村由363万个锐减至271万个，10年间减少了90多万个，平均每天消失80到100个，其中包含大量传统村落。”[①]传统村落数量急剧减少，是悠悠岁月中工业化、城镇化快速发展的结果。与此同时，乡村民众为了追求更好的生活，不断外迁，许多村落不断地被“空心化”，造成村落发展主体缺失，传统文化不兴，动摇了文化自信的根基。因而，作为沟通传统文化和时代精神的重要桥梁，开展传统村落保护势在必行，进行相关研究意义重大，从根本上说，保护传统村落就是保护各民族的精神家园。

2008年以后，国家相继发布《历史文化名城名镇名村保护条例》《关于加强传统村落保护发展工作的指导意见》《关于加快发展现代农业进一步增强农村发展活力的若干意见》，对具有历史、文化、科学、艺术、社会、经济价值的名镇、村落或民居进行保护。四川在2012年启动相关工作。

2014年，住房和城乡建设部、文化部、国家文物局、财政部联合出台《关于切实加强中国传统村落保护的指导意见》，对传承弘扬乡村优秀传统文化，增强民众的文化自觉和文化自信具有重要的意义。

2017年，党的十九大提出实施乡村振兴战略，强调对传统村落、少数民族特色村寨等要统筹保护、利用与发展。这为传统村落的保护与开发带来了新的机遇与动力，为其发展指明了方向。2018年出台的《关于实施乡村振兴战略的意见》中提出的保护内容，涵盖“文物古迹、传统村落、民族村寨、传统建筑、农业遗迹和灌溉工程遗产”。

2021年3月，《四川省传统村落保护条例》正式实施，条例中明确了传统村落的

中国传统村落徽志

① 王晶. 濒临消失的中国古村落：10年间减少了90多万个［EB/OL］.［2017-12-11］. http://www.xinhuanet.com/politics/2017-12/11/c_1122091367.html.

定义，即“村落形成年代久远，拥有物质形态和非物质形态文化遗产，具有较高的历史、文化、科学、艺术、社会、经济价值，能较完整体现传统风貌、民族或者地域文化特色，并列入中国传统村落名录和四川传统村落名录的村落，包括自然村和行政村”。同年，《关于全面推进乡村振兴加快农业农村发展现代化的意见》提出“保护传统村落、传统民居和历史文化名村名镇”，“挖掘、继承创新优秀传统乡土文化”。2022年，《关于做好2022年全面推进乡村振兴重点工作的意见》指出，开展传统村落集中连片保护利用示范，健全检测评估、审查机制，实施“拯救老屋行动”。

至2022年12月，我国先后发布了六批共8171个村落列入《中国传统村落名录》。在公布的保护名单上，四川省共有396个传统村落入选。在2023年四川省人民政府公布的《首批四川传统村落名录》中，全省共有1165个传统村落入选。

围绕传统村落展开的研究日益增多。党中央提出的坚持乡村全面振兴，坚持城乡融合发展，坚持人与自然和谐共生，坚持因地制宜、循序渐进，对于传统村落的保护与发展无疑起到了巨大的推动作用。

（二）国内外村落保护研究概况

有关传统村落的理论研究，发端于19世纪国外乡村聚落地理学，其偏重于村落的形成发展与地理环境互动关系研究。特别是在20世纪中后期，村落文化研究催生了《雅典宪章》（1933）、《威尼斯宪章》（1964）、《世界遗产公约》（1972）、《关于保护历史小城镇》（1975）、《华盛顿宪章》（1987）、《奈良真实性文件》（1994）、《墨西哥宪章》（1999，又称《关于乡土建筑遗产的宪章》）等。这些保护原则与要求无疑对村落保护起到了积极作用。20世纪70年代以来，村落研究内容日益丰富，对古（传统）村落保护进行了有益的实践探索。如Mustafa Dogan（2015）以土耳其两个村庄为例，探索了生态博物馆的发展，认为以此方式保护效果良好，并有可持续发展的可能；[①]有的学者以韩国为例，认为以政府为主导，对开展复原民俗文化体验进行研究，可促使民俗村实现可持续发展。[②]

我国关于“传统村落”的研究论文在知网中达3500篇，从地理学、建筑学、社会学、人类学、旅游学等学科角度，阐释人、村落与自然的关系，探讨村落的发展演变与复兴、乡村遗产保护、村落开发、生态景观保护、乡村旅游等等，涉及社会生活的方方面面，说明该研究已成为学者关注的热点。

户文月利用Citespace（可视化文献分析软件）对国内传统村落研究进行了分析与知识再现。[③]魏唯一系统梳理了我国传统村落研究相关文献，将村落保护研究分为发轫期（1991—2005）、上升期（2006—2011）、鼎盛期（2012—2020）三个阶段。[④]

就村落的保护模式，冯骥才认为传统村落的保护应该不断适应社会发展需求，更新保护方式，提出建立“古村落保护区”进行传统村落的集群化保护，以及开展“露天博物馆”这种新型保护方式。[⑤]廖军华总结目前我国传统村落保护发展实践可分为“活态传承”“行政保护”“以改促保”三种典型模式，并对具体的案例进行对应分析。[⑥]宋昭君从利益相关者的视角，探讨政府、村民、社会组织等不同的利益诉求，以建立多维保护机制。[⑦]孙九霞等则从产业发展的角度探寻村落保护与发展之路。[⑧]

---

① Mustafa Dogan. Ecomuseum, community museology, local distinctiveness, Hüsamettindere village, Bogatepe village,Turkey［J］. Journal of Cultural Heritage Management and Sustainable Development, 2015, 5(1):43-60.

② 王思明，刘馨秋. 中国传统村落：记忆、传承与发展研究［M］. 北京：中国农业科学技术出版社，2017：255.

③ 户文月. 国内传统村落研究综述与展望［J］. 重庆文理学院学报（社会科学版），2022（2）.

④ 魏唯一. 中国传统村落保护研究综述［J］. 常州文博论丛，2020（0）.

⑤ 冯骥才. 传统村落保护的两种方式［J］. 决策探索，2015（8）.

⑥ 廖军华. 乡村振兴视域的传统村落保护与开发［J］. 改革，2018（4）.

⑦ 宋昭君. 利益相关者视角下传统村落的保护机制研究［J］. 当代农村经济，2018（5）.

⑧ 孙九霞，黄凯洁，王学基. 基于地方实践的旅游发展与乡村振兴：逻辑与案例［J］. 旅游学刊，2020（3）.

（三）民族地区传统村落研究

民族地区的传统村落是我国传统村落的重要组成部分。其数量众多，历史积淀丰厚，建筑独具特色，文化特色鲜明，具有极高的保护、研究和开发价值，一直是学界关注的重点。众多学者以不同视角开展了对村落保护与实践的综合性研究。

一是涉及传统村落文化遗产价值的研究。如，汪小萍等通过梳理鄂西南民族地区传统村落的类型、特征，分析文化遗产的价值所在，进而提出传统村落文化保护的路径。①

二是涉及村落空间与生态的研究。这类研究主要从传统村落的选址布局、建筑特点、营造工艺、艺术特点、景观特征等方面进行记录与分析。如李文博以个案研究展示出调查村落的民俗文化空间与精神信仰空间；②冯巢认为传统村落文化艺术景观具有地域性与不可复制性，要得到可持续发展就要突出地域文化艺术特征，要以人为本，守好地方文化的“根”。③

三是涉及村落保护与利用的实践研究。其中，针对贵州实施的“村寨露天博物馆”“生态博物馆”，云南实施的“云南民族文化传习馆”“云南民族文化生态村”以及“土风计划”“勐马档案”“阿尔村档案”等展开的实证研究较多。

四是涉及村落可持续发展的研究。这类研究既有宏观层面的研究，也有微观层面的研究。前者研究包括村落的保护与发展规划、保护策略、保护方法体系或研究概况与发展趋势等；后者从个案入手，就传统村落保护与发展提出看法。如，艾菊红认为传统村落的保护要强调人的主体性，这是综合

① 汪小萍，曹大明. 鄂西南民族地区传统村落的类型、特征和价值［J］. 铜仁学院学报，2021（5）.

② 李文博. 民族地区传统村落文化空间研究——以热贡年都乎村为例［J］. 青藏高原论坛，2019（1）.

③ 冯巢. 宁夏传统村落文化艺术景观的可持续发展研究［J］. 民族艺林，2020（4）.

性、本土性、活态性的可持续性保护；[①]陈华文提出传统村落保护可持续的灵魂在于文化重启。[②]

（四）羌族传统村落研究

羌族主要聚居地属于岷江上游与涪江上游地区，处在青藏高原东缘，成都平原向川西高原过渡地带，其地貌为典型的高山峡谷，多崇山峻岭，坡陡谷深，村落散布其间，形成了富有特色的地域性文化。

在羌族聚居地的传统村落，往往是血缘与地缘关系随时代发展而形成的结果。其规模大小不一，既有自然村，也有行政村。但二者不是非此即彼的关系，有的村落既是自然村，又是行政村，如汶川县萝卜寨。通常，人们用羌语直呼自然村名，或用汉语称其为“××寨”，如休溪常被称为“休溪村”或“休溪寨”，布瓦被称为“布瓦村”或“布瓦寨”等。此外，在所谓羌族传统村落，并非村落中居住的人均是羌族，而是以羌族人口占据多数，随着社会的发展与变迁，各民族交往交流交融日益频繁，融居现象成为发展趋势。

理县桃坪村 银福忠 / 摄

① 艾菊红. 文化空间视域下的传统村落可持续性保护——以湘西凤凰为例［J］. 民族学刊，2017（3）.

② 陈华文. 文化重启：传统村落保护可持续的灵魂［J］. 广西民族大学学报，2018（5）.

有关羌族传统村落研究，可以从两个层面来理解。

一是有关羌族居住村落的历史调查研究。这与羌族研究的发展历程息息相关。在已有的研究成果中，大多为宏观研究，针对某一专题，如语言、建筑、服饰、饮食、婚姻、文学、习惯法、萨朗、妮萨的研究不少，但均是以整个羌族聚居地域为调研对象的多点研究，针对一个乡或一个村寨开展的专题研究并不多。目前，可见成果主要有以下两方面。

调查资料类：1963年，中国科学院民族研究所和四川少数民族社会历史调查组先后编印《阿坝藏族自治州理县通化乡社会调查报告（初稿）》《汶川县绵虒羌族乡社会调查报告》《汶川县雁门羌族乡社会调查报告》《茂汶羌族自治县黑虎乡社会调查报告》等。

专著类：20世纪80年代以来，先后出版针对羌族传统村落的著作有《羌村社会》[①]《麻窝羌语研究》[②]《羌族——四川汶川县阿尔村调查》[③]《蒲溪羌语研究》[④]《阿尔档案》[⑤]《汶川萝卜寨田野调查报告》[⑥]《羌笛新曲》[⑦]《牛尾羌》[⑧]《羌在增头：岷江上游一个村落的文化考察》[⑨]等。

二是有关2012年以来入选国家或省级传统村落名录的羌族居住村落的研究。在羌族居住地有12个村落入选中国传统村落名录，40个村落入选四川省传统村落名录。（详见下表）

① 徐平. 羌村社会［M］. 北京：中国社会科学出版社，1993.

② 刘光坤. 麻窝羌语研究［M］. 成都：四川民族出版社，1998.

③ 何斯强，蒋彬. 羌族——四川汶川县阿尔村调查［M］. 昆明：云南大学出版社，2004.

④ 黄成龙. 蒲溪羌语研究［M］. 北京：民族出版社，2007.

⑤ 阿尔村人. 阿尔档案［M］. 北京：文物出版社，2012.

⑥ 耿静. 汶川萝卜寨田野调查报告［M］. 北京：民族出版社，2014.

⑦ 李锦. 羌笛新曲［M］. 昆明：云南大学出版社，2015.

⑧ 尤德林. 牛尾羌［M］. 沈阳：白山出版社，2015.

⑨ 王永安. 羌在增头：岷江上游一个村落的文化考察［M］. 成都：四川人民出版社，2022.

羌族地区传统村落一览表

批次/年份	中国传统村落
第一批（2012）	理县桃坪乡桃坪村，茂县黑虎乡小河坝村鹰嘴河组，汶川县雁门乡萝卜寨村
第二批（2013）	北川羌族自治县青片乡上五村，茂县雅都乡四瓦村四组
第四批（2016）	茂县太平乡牛尾村，汶川县水磨镇老人村、龙溪乡阿尔村、龙溪乡联合村，理县薛城镇较场村、蒲溪乡休溪村、桃坪镇增头村
批次/年份	**四川省传统村落**
第一批（2013）	理县桃坪镇桃坪村，茂县黑虎乡小河坝村鹰嘴河组、雅都乡四瓦村四组，汶川县雁门乡萝卜寨村
第二批（2015）	汶川县克枯乡大寺村、龙溪乡联合村东门寨，北川羌族自治县青片乡上五村
第三批（2017）	北川羌族自治县片口乡保尔村、青片乡正河村、曲山镇石椅村，茂县叠溪镇较场村、曲谷乡河西村、三龙乡纳呼村、松坪沟乡岩窝村、太平乡牛尾村、雅都乡大寨村，汶川县克枯乡木上村、克枯乡大寺村、克枯乡周达村、龙溪乡阿尔村、龙溪乡联合村、水磨镇灯草坪村、水磨镇老人村、威州镇布瓦村、漩口镇群益村、雁门乡月里村、雁门乡通山村，理县蒲溪乡休溪村、桃坪乡增头村、薛城镇较场村，平武县大印镇金印村、豆叩镇银岭村、豆叩镇紫荆村，松潘县小姓乡埃溪村
第四批（2019）	北川羌族自治县马槽乡黑亭村，汶川县雁门镇索桥村、龙溪乡跨坡村
第五批（2022）	汶川县绵虒镇涂禹山村、灞州镇龙溪村，平武县平通羌族乡新民村

有关羌族传统村落的研究，基本覆盖羌族生活的区域。笔者从知网中搜集2012年以来羌族传统村落相关论文106篇，其中，以理县桃坪村的个案研究数量为最，达62篇，汶川县萝卜寨村个案研究17篇，理县休溪村个案研究9篇，北川羌族自治县石椅村个案研究5篇，其余村落包括汶川县的布瓦、联合、阿尔、巴夺四个羌寨，茂县的黑虎、坪头、牛尾、白石四个羌寨，理县的增头、木卡、较场三个羌寨，北川的吉娜、五龙、西窝、沙坝四个羌寨，邛崃的木梯、直台两个羌寨，以及贵州省的漆树坪一个羌寨，相关研究论文

数量均在4篇以下，论文标题大多直接点明调查村落，部分研究论文以多个村寨作为调查对象。研究者选择的村落在羌族聚居地均具有典型性，有着较为浓厚的文化特色和地域特色。

理县增头村　银福忠 / 摄

从研究内容来看，研究者关注了羌族聚落景观、建筑选址、空间形态、建筑特征、旅游发展、村寨保护、乡村振兴、文化教育、民间艺术、非遗保护发展等方面，既有比较研究，又有个例分析。如，刘延国等基于协同共生理论，探索岷江上游的藏羌村寨与旅游核心地九寨沟的协同发展模式；[①]孙松林对岷江上游的藏族与羌族聚落景观进行了比较研究，得出藏羌聚落景观总体上具有沿岷江水系线性发展、沿海拔垂直分异的特征等结论；[②]熊梅等对近三十年羌族传统聚落研究进行了评述，认为当前研究集中于村落的区位与选址、空间与景观、规划与保护，[③]并通过对传统聚落与村落关系的梳

① 刘延国，王青，廖彦淞，等. 民族村寨与区域旅游极核的协同共生研究——以岷江上游藏羌村寨与九寨沟为例［J］. 西南民族大学学报，2017（5）.

② 孙松林. 岷江上游地区藏羌聚落景观特征的比较研究［D］. 北京：北京林业大学，2018.

③ 熊梅，黄利利. 近三十年羌族传统聚落研究述评［J］. 西华师范大学学报，2017（2）.

理，总结概括出羌族传统村落的地理分布特征及空间结构。[①]

总之，从羌族传统村落的整体研究来看，已有的研究成果视角多元，具有一定的参考价值与意义。同时，研究方法多样，呈现出跨学科研究的趋势。如龙泓昊等运用GIS对村落布局、与地形因素的关系来阐述村落的发展与演变，并借助高程图分析研究不同因素对村落发展的影响。[②]

但已有的研究中明显存在着不足。一是由于桃坪羌寨作为羌族建筑的代表，特色突出，研究者着力于该村建筑布局、建筑技艺、空间利用方面，对其他有特色的村寨开展的研究不多，不利于对羌族传统村落总体状况的精准把握。二是研究中以理论研究、宏观研究为主，对村落与生态环境、区域整体性发展的系统性研究明显不足。三是针对传统村落的个案研究还不够，面对村落日趋“空心化”、人口不断流失、文化活力不足的诸多现实问题，研究不深入。此外，还应看到，已有的研究成果大多数是横向研究成果，对调研点进行比较长时间纵向研究的成果不多。因此，应不断增强对传统村落的主体——人群的研究，以及对传统村落的可持续发展与乡村振兴的关系研究。

---

① 熊梅，黄利利. 羌族传统村落的地理分布与空间结构［J］. 西南石油大学学报，2017（6）.

② 龙泓昊，傅红，乐桂诚，等. 基于GIS的羌族传统村落地震前后规划选址布局研究［J］. 重庆建筑，2020（8）.

二 休溪村空间形态演变及保护

HLHOUJI SSUEABE DELABA NYI BAOFU

（一）近年关于休溪村的研究概况

近年来，关于休溪村的研究主要从物质文化遗产与非物质文化遗产两个方面开展。

一是对村落建筑景观、空间文化及发展变迁的研究。赵曦等人[①]、李锦[②]对汶川特大地震之后的休溪村空间修复状况进行了实地调研，得出了民族文化可持续发展的结论；杨进[③]从行为特征视角，对休溪羌寨的邻里空间进行研究，认为村寨建设中应该保留传统空间格局特征；方甜[④]从路学维度书写了休溪民族志。村落的保护研究，主要关注运用生态博物馆的理论视角对休溪村开展保护。尚珈羽[⑤]提出建构村落活态保护的可行模式，以建立生

① 赵曦，吴天德. 毁灭性灾害后民族文化的再生与可持续发展[J]. 阿坝师范学院学报，2010（2）.

② 李锦. 羌寨空间建构的文化逻辑与震后村寨空间修复［J］. 中华文化论坛，2015（11）.

③ 杨进. 行为特征视角下当代羌族村寨邻里空间研究——以休溪羌寨为例［D］. 成都：西南民族大学，2017.

④ 方甜. 借路上山的发展：高山羌寨的民族志考察［J］. 阿坝师范学院学报，2021（12）.

⑤ 尚珈羽. 基于生态博物馆理念下的理县休溪村保护研究［D］. 成都：西南民族大学，2020.

态博物馆来达到保护目的；贾春光等人[①]则提出利用生态博物馆的方式有效解决羌族文化的保护问题。

二是对非遗资源的研究。这类研究偏重于重要的民俗节日——夬儒节的研究。此节日于2014年入选四川省非物质文化遗产代表性项目名录，由于得到理县政府的大力支持，通过宣传，社会影响力较大，备受学界关注。柯小杰[②]、袁真林[③]通过田野调查，将夬儒节的祭祀传统、文化内涵及嬗变进行了较为细致的描述，并探讨了这一节日的传承与发展。潘昱州等人[④]针对夬儒节的发展困境提出“搭好平台，建立机制”“夯实基础，提升品质”“重视引领，强大功能”“调整心态，延续文化”等建议。此外，李祥林[⑤]从文化遗产和民俗艺术的视角，对当地释比戏进行解读与分析，认为羌戏在民间社会中发挥着多样的积极功用；王李羊等人[⑥]对休溪羌绣特点及审美进行了总结；高梧等人[⑦]以口述史方式，重点对休溪群众的神灵信仰及日常社区生活展开研究；邓智文[⑧]通过深入调查，对蒲溪一带的歌舞进行整理研究；巴斯基[⑨]则对独具特色的“趣味锅庄”形成原因、审美形态及寓意进行了浅论。

从上述梳理可见，已有研究各有侧重，但结合传统村落的专题研究不多。

---

① 贾春光，付尧. 生态博物馆在羌族文化变迁与保护中的应用——以休溪村为例［J］. 城市建筑，2022（2）.

② 柯小杰. 夬儒节：羌族节日民俗的复兴——阿坝州理县蒲溪乡羌族夬儒节的调查与思考［G］//耿纪朋. 四川文化艺术研究：第一辑. 成都：四川文艺出版社，2021：184.

③ 袁真林. 民间祭祀与文化传承——四川理县羌族“夬儒节”研究［D］. 成都：四川音乐学院，2019.

④ 潘昱州，彭荔. 着力破解“夬儒节”的发展困境［J］. 绵阳师范学院学报，2020（3）.

⑤ 李祥林. 作为“寨子戏”的羌族民间仪式戏剧的活态存在——来自理县蒲溪尔玛人村寨的田野报告［J］. 浙江艺术职业学院学报，2018（1）.

⑥ 王李羊，汪代明. 略论休溪羌寨羌绣的审美特征［J］. 厦门工艺美术学院学报，2017（1）.

⑦ 高梧，尧一三. 羌人的神灵信仰与羌寨的社区生活——以休溪寨为例［J］. 绵阳师范学院学报，2014（12）.

⑧ 邓智文. 羌族歌舞探究——以四川理县蒲溪乡为例［J］. 四川省干部函授学院（四川文化产业职业学院）学报，2019（4）.

⑨ 巴斯基. 漫谈理县蒲溪乡羌族“趣味锅庄”［J］. 大观，2020（10）.

（二）休溪村空间形态的保护与延续

传统村落的空间形态即指传统村落的布局选址、中心空间、道路格局和民居类型等，它诠释着地方一隅的历史、文化、信仰、观念，乃至民族精神。在休溪村，其空间形态由自然生态与人文环境组成，山水、森林、土地、村落等都是元素，共同构成一个有机的整体。

大致说来，休溪村空间形态演变经历了四个阶段。

第一阶段是20世纪50年代前。这一时期，休溪村以下寨为中心，人员集中分布在下寨，居住于传统民居中。随着人口的增加，人们逐步往中寨和上寨迁移，以致中寨开始有人家，部分人到上寨居住，村落布局顺着土地向上延展。

第二阶段是1950年至2008年。这一时期，休溪村村落空间形态改变与人

理县休溪村　银福忠 / 摄

口的发展紧密关联。随着人口增加，下寨土地不能满足需要，人们不断往上寨迁移，修筑新房。同时，因地质灾害影响，上寨人员增多，并逐渐成为村落的中心，以致在2008年“5·12”汶川特大地震发生前，上寨的格局远超下寨。

第三阶段是2008年至2016年。2008年“5·12”汶川特大地震以后，休溪村传统建筑遭受破坏，下寨居住的人家整体搬迁，上寨恢复重建，村民在政府帮扶下纷纷自建，并完善道路、广场等公共设施，打造休溪村及蒲溪乡的活动中心。原有下寨建筑成为一道历史景观，仅有一两户人家继续在此居住。

第四阶段是2016年至今。为了保护休溪村的历史文化遗存，继承和发扬优秀的传统文化，保护并延续其文化脉络，改善村落居民生活环境，促进

休溪村一景　银福忠 / 摄

传统村落与乡村旅游有效衔接，推动休溪村经济社会发展，理县人民政府于2016年请遂宁市城乡规划设计院有限公司制作《理县蒲溪乡休溪村传统村落保护发展规划》（简称《保护发展规划》）。此规划为休溪村空间形态的建设与发展指明了方向。

2016年和2017年，休溪村分别被列入中国传统村落名录和四川省传统村落名录，这证明其在传统建筑、村落选址布局、非物质文化遗产等方面符合相应的评价认定指标，并具有历史、文化、科学、艺术、社会、经济等方面的价值。

屡次遭受自然灾害破坏的休溪村，在社会不断发展的时代，利用原有基础和传统建筑技艺，建立起现有的居住格局。同时，整个村落连同附近村寨的民众，都有着较强的文化自觉意识，为传统村落保护奠定了良好基础。当然，落实传统村落的保护职责，需要坚持遵循相应的保护原则。在《保护发展规划》中，涉及传统村落的规划原则有五条。

一是原真性原则。“在保护和整治中，要最大限度地保护文物单位及其

“5·12”汶川特大地震后的休溪下寨　银福忠 / 摄

远眺休溪上寨　银福忠 / 摄

所承载的历史信息，利用整体保护、分层次保护、分类保护以及动态保护等方法，使传统村落的历史风貌得到最大程度的体现。”

二是小规模、渐进式原则。“有利于公众参与，有利于资金流向和建筑环境质量控制，能经济适用地满足居民的现实住房需求，缓解社会矛盾以及保护历史文化环境。”

三是居民参与原则。“调动居民参与的积极性，让传统风貌的保护成为每一个居民的自觉行动。”

四是物质文化遗产和非物质文化遗产并重原则。“既要保护和传承有形的物质文化遗产，又要继承和弘扬无形的非物质文化遗产，要求两者相互依存，相互辉映，相互烘托，共同反映传统村落的历史。”

五是整体效益最优原则。“注重技术上的可行性和社会、经济、环境效益的统一。”

可见，《保护发展规划》已经涵盖了村落保护中需要秉持的重要理念，即文化保护的主体性、文化保护的优先性、当地民众的发展权，符合“六枝原则”①的三个主要原则。

① 2008年9月，中国与挪威有关专家就生态博物馆建设进行研讨，达成共识，形成九条具体内容，即“六枝原则”。此原则不仅是生态博物馆建设与发展的指导原则，还对民族文化的保护有普遍的指导意义。

第二章

D I E R Z H A N G

云雾缭绕的羌家

RDDEIMU LAGGOU RRMA GVAJI

一 地理环境

SSUEABE CHAS

理县（zheaxealea）位于川西一隅，是阿坝藏族羌族自治州十三个县之一，在州境东南缘，国道317线沿杂谷脑河（zheaxealea zuea）贯穿全境，东北与茂县、黑水县接壤，西南与小金县相连，东南与汶川县相通，西北与马尔康市、红原县两地毗邻。距离省会成都市和州府马尔康市分别为202公里、193公里。县政府所在地名杂谷脑（zheaxealea），为藏语音译，意为“吉祥之地”。

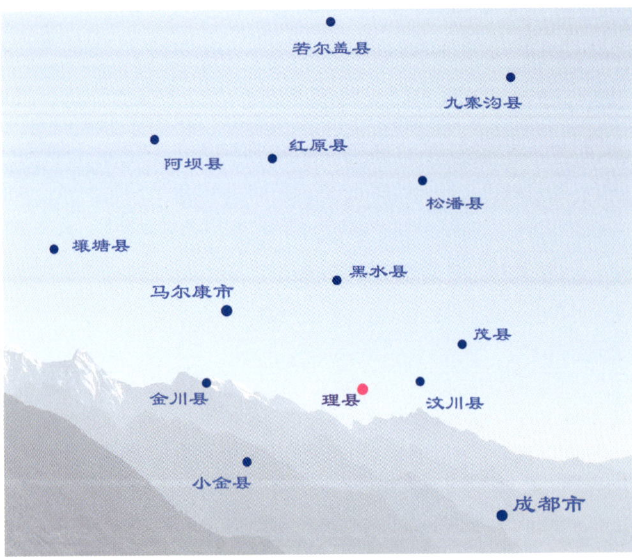

理县在阿坝州位置示意图　刘力谋 / 绘

这里地处青藏高原东部，岷山山脉中段，地质结构复杂，为四川西部地槽区金汤弧形褶皱带的一部分，南部紧接龙门山断裂带。地表由西北向东南倾斜，从桃坪镇古城村至鹧鸪山逐渐增高，海拔1422—5922米。

杂谷脑河畔　银福忠 / 摄

理县地貌类型可分为低中山、中山、高山、极高山，是典型的中高山峡谷区。因坡向与坡度不同，又有阳山、阴山、半阳山、半阴山等差异，山体高大险峻，峰峦蜿蜒起伏，主要高山有万年雪峰、雪隆包、霸王山、鹧鸪山等。在雪隆包一带，包含薛城、蒲溪等地，分布有花岗闪长岩体，岩体坡度较大，易发生地质灾害。

横贯全境的重要河流——杂谷脑河，史称“沱水”，《禹贡》曰“岷山导江，东别为沱”，系岷江水系上游的一级支流，由西北流向东南，在理县境内全长146公里，于汶川县威州镇注入岷江，水流湍急，沟谷纵横，呈V形。直接汇入杂谷脑河的大小支流共68条，其中流域面积在100平方公里以上的有9条，主要支流有孟屯河、梭罗沟、黄土梁沟、米亚罗沟、曾头沟等。此外，境内有95个天然湖泊，总面积为4.69平方公里，常年蓄水量为1.3亿立方米，形成独特的自然景观。

杂谷脑河蕴含着丰富的水资源，水能理论蕴藏量120万千瓦，可开发量110万千瓦，主要分布在杂谷脑河干流和18条支沟。已建各类大小电站12座，如甘堡电站、理县电站、红叶一级电站、红叶二级电站、薛城电站、古城电站等，装机容量26.95万千瓦，占可开发量的24.5%。在建电站13个，总装机容量63.02万千瓦。

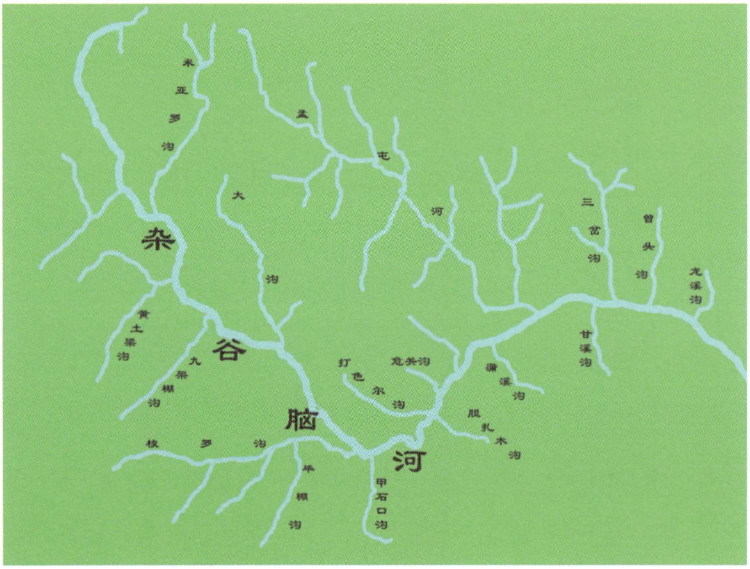

理县杂谷脑河主要支流示意图　刘力谋 / 绘

民间常言：“山下樱桃红，山上雪花白。”受西伯利亚西风气流、印度洋暖流和太平洋东南季风三个环流的影响，理县属季风气候区。河谷地带年均气温6.9－11摄氏度，年降雨量在650—1000毫米之间，无霜期短。冬季寒冷干燥，降水稀少，日照强烈，晴朗多风；春夏季降水量多，气温暖湿；秋季低温阴雨。中高山峡谷地带气候较为寒冷，冬长夏短，年温差小，日温差大。不同海拔地区气候垂直分布差异明显，具有高山主体的多层次分布结构特点，从河谷到高山形成暖温带—温带—寒温带—亚寒带—寒冻带的山地型立体气候特征。

理县由于处在地震带上，时有地震发生。如清康熙四十五年（1706年）秋，薛城附近发生地震，熊耳山崩塌，导致孟董沟水被堵，两年之后决堤，大水一泻千里，将城郭悉数淹没，造成人畜伤亡无数，县治搬迁至现址。民国二十二年（1933年）8月，茂县叠溪发生大地震，对这一带产生直接影响。2008年“5·12”汶川特大地震，对整个岷江上游生态环境破坏严重，次生灾害频发，道路及通信等基础设施几近毁损，造成巨大的人员伤亡和经济损失。以蒲溪小学为例，地震引发了山崩，一块巨石滚落至学校的操场，教学楼也被砸出了一个大洞，学生被迫异地安置，其中51名五、六年级的学生被安置到援建的湖南省常德市金丹实验学校借读。因而，地震、山崩、滑坡、泥石流等灾害，是生活于此的人们在生存与发展过程中必须要面临与克服的难题。

理县幅员为4318平方公里，土地资源呈垂直分布。其中，河谷半山地带为旱生灌丛农耕地，高半山、高山地带为森林、疏林草地和极少量农耕地，山原地带多为草场和极少量高山灌丛，河谷半山地带分布荒旱草坡，从河谷到山地有裸岩和流石滩分布。

林地资源较多，占全县土地总面积的51.8%，活立木蓄积量2600万立方米，森林覆盖率为30.07%。经济林木以苹果、花椒、核桃、樱桃、李为主，

峡谷风光　银福忠 / 摄

还有葡萄、杏、石榴等。部分地区有上百万亩天然牧草地，有着良好的牧业发展前景。并盛产虫草、贝母、天麻、黄芪、羌活、当归等天然药材。20世纪80年代以来，理县积极发展种植业，成为省会成都市主要的淡季蔬菜供应基地之一，主要蔬菜品种有大白菜、莲花白等。

不同的地貌带来别样的景致。这里既有风景秀丽的米亚罗红叶风景区、毕棚沟和孟屯河谷等自然景观，又有桃坪羌寨、木卡羌寨、增头寨、休溪寨、甘堡藏寨、八角碉藏寨等人文景观，还有集休闲疗养保健为一体的古尔沟温泉。这些资源为当地旅游发展提供了空间。

全县辖六镇五乡，即杂谷脑镇、米亚罗镇、朴头镇、薛城镇、古尔沟镇、桃坪镇、甘堡乡、蒲溪乡、上孟乡、下孟乡、通化乡，含63个行政村、8个社区。2020年年末总人口43375人。其中，藏族23175人，占总人口的53.43%；羌族14531人，占总人口的33.50%；汉族5405人，占总人口的12.46%；回族179人，占总人口的0.41%；其他民族85人，占总人口的0.20%。农业人口31669人，占总人口的73.01%；城镇人口11706人，占总人口的26.99%。[①]

① 数据来源：理县人民政府网站，https://www.ablixian.gov.cn/.

二 毗邻重镇

GAEDA GVEIDA

国道317线沿着杂谷脑河贯穿理县全境，并连接着众多乡镇。从县政府所在地杂谷脑镇沿着国道317线，由西向东，经过的甘堡乡、蒲溪乡、薛城镇、通化乡、桃坪镇，是理县羌族集中分布的地方。

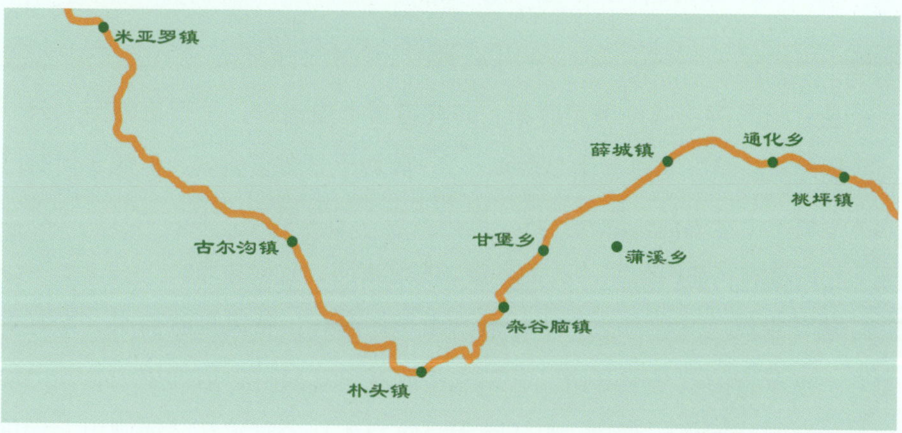

国道317线沿途的理县乡镇示意图　刘力谋 / 绘

薛城（beze）是历史上商贸与军事要地，位置独特，“三水争流，四山竞秀”。北来孟屯河，南有南沟水，东向杂谷脑河，三水交汇于此。孟屯河之西有熊耳山，高耸巍峨，山峰似竖起的熊耳，河之对岸为狮头山，山形突兀而挺拔，如醒狮昂首盘踞；南沟水两侧分别为马山和箭山，亦十分险峻。可以想象，在四座奇山之间的薛城，地势险要，占据优势，为筑城置兵的

薛城全景　银福忠 / 摄

要地。

唐代诗人薛涛吟诗赞美薛城："梓潼塔下南沟水，笔架奇峰穿入云。高登熊耳望美景，赛过江南是薛城。"[①]薛城十景久负盛名，但源于何时已无从考据。十景包括：熊耳秋风、陇山古雪、笔架献奇、狮头望月、沱水东流、石门遗响、箭山晚照、夷关暮笳、古灯夜明、封侯挂印。[②]

熊耳秋风　《保县志》中记载"山形如熊耳，秋风暮然而来，素有爽意"。这里指的就是熊耳山。若站立于薛城镇欢喜村，远远望去，其山形似熊头，双峰如熊的双耳，直插蓝天。每当入秋之时，红叶铺满山，景色宜人。

---

① 也有薛城当地文化人称这是他自己的诗作。

② 《保县志》中述薛城八景，无"古灯夜明""封侯挂印"二景。

熊耳山　银福忠 / 摄

陇山古雪　陇山即本地人所谓“雪隆包”，海拔5314米，四季积雪，终年不化。在蓝天映托下，近看白雪如水晶一般剔透。若站在薛城远眺，山顶银光闪闪，洁净而纯粹。

笔架献奇　笔架山在“县北三里。一名九子龙窝，或谓之玉山”[①]。其“面厅署之北，下瞰沱江，形如笔架。一名九子山，又谓之玉山”[②]。因其形如古时读书人使用之笔架而得名。山之西为河谷出口，河风遭遇熊耳山阻挡而返。时常有云雾缭绕于山峰周围，令山峰时隐时现，出现峡谷云海的奇观。同时，在西麓山脚有两股清泉汩汩而出，滋养着生活在这里的薛城人，被民众视为“神泉”。

狮头望月　笔架山以西，横岩巨石，似狮头，月夜如景。“狮头”所处位置正好可全程观望月出月落，轨迹时有变化。若从城内观看，月下雄奇的“狮头”清晰异常，故有“狮头望月”之说。

---

① 〔清〕顾祖禹. 读史方舆纪要：保县［M］.

② 〔清〕吴羹梅修，周祚峰纂. 直隶理番厅志［M］.

沱水东流 杂谷脑河，史称“沱水”。其横贯理县全境，水流湍急，沿着峡谷滚滚东流，注入岷江。望着沱水，人往往心生感慨，叹世事多变，唯有江水见证着沿途的兴衰历史，故有“沱水东流”一景。

石门遗响 在薛城镇对面，沿着孟屯河谷北上，至转经楼附近有一巨大岩石，崖如刀削，形如门扇，因河风和河水发出的响声交汇在一起猛然撞上岩壁，时可听见宛若大门开闭的响声，故有“石门遗响”的传说。观其景，听其声，人不由惊叹大自然的鬼斧神工。

箭山晚照 箭山羌寨位于薛城的东面山坡上。当夕阳西下，落日余晖映照山寨，伴随着炊烟袅袅，若有云霾，竟使寨子掩映于万丈彩霞之中，景色绝美，形成一道独特美丽的景致。

夷关暮笳 “笳”为吹奏乐器。传说薛城的筹边楼，曾驻有守城兵将，每逢夜幕降临，高半山的羌笛声起，常唤起守城兵将的思乡之情。以声为景，表达出此地特有的一种意境。

古灯夜明 薛城老街，是商贸交易之地，来往行人较多。夜幕降临，山间静谧，灯光时隐时现，有的人家门口挂起灯笼，蜿蜒相排，使古镇街道成为一景。

封侯挂印 相传作战骁勇的将军将授印挂于山岩以示军威。具体位置已不明。也有传说在孟屯河谷或朴头一带。

清代的薛城城池不大，从东门到西门只有400米，即使到了民国时期也只有300户2000人口①。但在这里，有据可查的宗教场所共有14处，包含城隍庙、龙王庙、观音阁、武庙、文庙、忠烈祠、川主庙等。如此密集分布着庙宇，是由薛城的政治地位所决定。如今，薛城镇东接通化乡，南邻蒲溪乡，西连甘堡乡，北靠上孟乡、下孟乡。镇内的筹边楼、宁江门等历史古迹，是薛城作为要塞重镇的历史见证。

筹边楼 屹立于石崖上。系唐文宗太和年间，剑南川西节度使李德裕

① 王田.近代藏彝走廊东缘的汉人社会与市镇发育［J］.贵州民族研究，2013（1）.

为安吐蕃，筹议防务诸事而建。《理番厅志》有载，李德裕于松建“七层楼”，茂建“镇岷楼”，维建“筹边楼”，以重边防。[1]后几经自然灾害而毁损，由保县知县陈克绳于清乾隆七年（1742年）重修。现存筹边楼为清同治十年（1871年）再建，楼顶右横梁书“大清同治十年建”，左横梁写“理番厅辖之三番、四土、五屯、九枯、六里、十寨，首事姓名”。筹边楼曾改为观音阁，面积约20平方米，两层楼高10余米，处于杂谷脑河与孟屯河合流处之南岸，登楼俯瞰，四周景色尽收眼底。

筹边楼　银福忠 / 摄

宁江门　明代城门遗址。1935年中国工农红军在城门上所凿的标语仍然清晰可见。标语有三幅。第一幅是“为中国的独立自由奋斗到底　红四军　制”，刻于城门门楣，从右到左用楷体横刻，标语呈弧形，长2.75米，字径0.13米；第二幅是“蒋军士兵们，你们拖枪过来参加红军！”，用楷体横刻

① 为更好地经营青藏高原东缘，唐朝设置正州、羁縻州以管辖。唐肃宗至德二年（757年），将原剑南节度使分为剑南东川节度使与剑南西川节度使，分别简称东川、西川。西川治所成都府（今成都），管辖范围含松（松州）、茂（茂州）、维（维州）等地，即如今之四川中西部部分地区。

宁江门及红军石刻标语　银福忠 / 摄

于东墙条石中部，标语长3.05米，字径0.07米；[①]第三幅是“共产党万岁！”，刻于西墙条石上，楷书横写一行，标语长0.70米，高0.15米，字径0.10米，字距0.02米。这些红军石刻标语是中国共产党人践行初心使命的历史见证。

从周边居住人群来讲，薛城是一个重要的聚居点。这里四通八达，东向通往四川盆地的腹心地带，南靠蒲溪乡等羌族聚居地，西往嘉绒及安多藏族居住地，加上因商贸、屯垦而来的内迁移民较多，逐渐成为商贸集散地。各民族往来互动频繁，促进了各民族的文化融合，使薛城成为羌、藏、汉等民族交往交流交融的重要区域。

自然地，这里也成为休溪等高山羌寨居民外出留驻的主要地点。在交通极为不便的时代，面临生活重压的人们沿着蜿蜒小路跋涉到此，见到热闹的街市，感受到多样的文化，他们对外界所生向往之心自然而然得到满足。

① 阿坝藏族羌族自治州文物管理所. 阿坝文物览胜［M］. 成都：四川民族出版社，2002：101.

三 蒲溪概况

BBAELU VVUACUI JICUA

清人王铭有诗云：“蒲溪番裔尚知耕，每向悬崖负载行。力役但存温饱志，与人无欲也无争。”

蒲溪乡（bbaelu vvuacui），汉语音译“弯留瓦”，意思是“住在蒲溪产粮食的五个寨子”，其中，蒲溪音译为“弯留”（bbaelu），为“粮食”之意。位于北纬31°29′，东经102°54′，距离县城15公里，经过甘堡藏寨，向南进入蒲溪沟“弯留阔”（bbaelu vvua）前行4.5公里即到达乡政府所在地。

蒲溪沟系杂谷脑河右岸支流，属岷江二级支流，源于理县与汶川县交界之雪隆包桂花坪，全长19.3公里，流域面积127平方公里，由休溪等汇集，纵贯全乡，在蒲溪沟口公路桥处直接汇入杂谷脑河。《保县志》载，“蒲溪桥，在蒲溪口”。河口平均径流量3.05立方米/秒，落差近2000米，水能蕴藏量2.5万千瓦。

全乡平均海拔1900米，最高点为雪隆包山顶，海拔5560米，最低点为蒲溪沟口，海拔1650米。年均气温11.3摄氏度，阳光充足，辐射强，年均日照时间1698.5小时，年均降水量630毫米，无霜期200天左右。气候具有春暖夏凉、冬无严寒的特征。春季，气温回升，时有波动；夏季，连晴少雨；秋季，阴雨绵绵，气温逐渐下降；冬季，空气干燥，高山地带雪花飘飘。尤其在春夏季节更替时，降水增多，容易发生泥石流和洪涝灾害。夏秋之时偶有危害较大的雹灾出现。此外，这一带还有地震灾害。

蒲溪云雾　银福忠 / 摄

蒲溪乡东西长11.57公里，南北宽15.34公里，幅员118.5平方公里。土壤多为山地黄土和黑褐土，母质基本为变质岩的风化物。土质松散，结构性差，土粒干燥，有机质含量较低，土壤含磷不丰。土地资源可分为农耕地、林地、园地、疏林草地、居民点用地、交通用地、难以利用的土地等。

在高山深谷中，森林覆盖面广。有红桦、白桦、云杉、油松、漆树、鹅掌树、杨树、青皮树、黄秧树等20余种乔木。有天麻、猪苓、白芍、五加皮、一枝蒿、柴胡、黄花、野兰花等药用植物。还有松茸等各种食用菌。良好的生态环境让这里成为野生动物栖息的天然场所，有大熊猫、金丝猴、鹿等珍稀野生动物，还有各种飞禽。《保县志》载，这一带的鹦鹉十分有名，“唯蒲溪产者聪慧能言，他处不及”[①]。

山谷野花　银福忠 / 摄

① 故宫博物院编. 四川府州县志第17册：（乾隆）保县志［M］. 海口：海南出版社，2001：336.

四 休溪生态

HLHOUJI PARA

休溪村（hlhouji）位于蒲溪乡东南部，距离蒲溪乡政府7公里，在绿水青山之间，美人山北面缓坡台地上，海拔2570 米，下有休溪河谷。土地主要是以梯地为主。全村有耕地面积358亩，退耕还林524亩。林地面积17958亩，其中，国有林地925.5亩，集体林地17032.5亩，松树、青杠等植被种类繁多，长势良好，林地间食用菌及药材资源丰富，盛产羌活、贝母、桔梗、大黄等药材。

休溪村夏季风光 银福忠 / 摄

休溪村冬季风光　银福忠 / 摄

休溪村南部是罕见的高山湿地——休溪坪（bieadabbada），面积300余亩。缓缓的坡地上绿草青青，有两条小溪穿流而过，高山草甸间杂着灌木丛，与流水相映。四周生长有红豆杉、沙棘、红松、冷杉、云杉、铁杉、桦树等乔木或灌木。每到夏日，这里野花争妍，林木葱茏，山风拂面，白云悠悠，鸟啼阵阵，令人心旷神怡，是休闲的好去处。

在休溪坪深处山梁一角，有一座古墓，为王氏纳巴家族先祖夫妻合葬墓。他俩也被视为村民先祖。墓碑前有两棵白杨树，被称为“夫妻树”。据当地老人介绍，这两棵白杨树是当年下葬王氏夫妻时村民所栽，已经时隔百余年，树身高大而粗壮，引人注目，但其中一棵白杨树已经腐朽断裂。

休溪坪北侧，距离村寨6公里的山林深处有高山冰蚀湖泊，当地人称“休溪海子”（hlhouji zueaxu），也称“蒲溪海子”。它与湿地交相辉映，景色宜人，其水体面积约1000平方米。相传，休溪曾盘踞着一条水龙，因受到村民的惊吓而离开，海子干涸，恰逢天久不下雨，释比带领众人祈雨，在这里重新修建海子，以求得一方风调雨顺。

海子周边还有众多景点。如黄澄沟，为蒲溪沟主要支流之一，水流源

休溪坪　银福忠 / 摄

休溪海子　银福忠 / 摄

头所在地雪隆包，山势险峻，奇峰重叠，是探险和登山的好去处，还有“一线天”“骆驼峰”“老鹰岩”“神女峰”等景点。另一条主要支流是黑龙江，沿江两岸有400平方公里的森林资源，是獐、麝、盘羊、鹿、熊、野牛等野生动物栖息地，也是贝母、羌活、雪莲花、红景天、雪茶等药材植物的生长地，有“天鼓岩”“箬箕塘”“笔陡峰”“双海子”“天鹰岩”“长岩窝”“问天石”等景点。

休溪村东、西、北三面环山，村民依山而筑房，村落集中连片，四周田园风光无限。

第三章

DISANZHANG

回望久远的历史

GVER-VA DAESBI DDAEZEI

一 考古遗迹

GVER-VA GAETU SSUEABE

有关羌族地区新石器时代文化的研究起步较早，在20世纪20年代，学人在汶川（kvoucui）、理县（zheaxealea）、茂县（hgva–ne）等地就启动了考古工作。其中，理县的考古成果尤为引人注目，相继发现了新石器时代文化遗址，特别是大量的石棺葬墓群。

1938年，考古学者冯汉骥等在岷江上游汶川县萝卜寨村清理了1座残墓，这是首次运用近代考古学方法对西南地区石棺墓进行清理。研究成果《岷江上游的石棺葬》[①]是西南民族考古研究的开创性成果。

1940年，由凌纯声、马长寿、芮逸夫等学者组成的川康民族调查团，在理县佳山寨清理了10座残石棺墓。相关研究成果于20世纪60年代发表。

1941年，中国教育部与中华基督教边疆服务部派出服务团前往岷江上游地区，在王文萱的带领下，于理县佳山寨发现古墓群多处。华西协合大学教授葛维汉（David Crockett Graham）参与考察。他在1942年对蒲溪沟、蒲溪寨等地进行夏季考察[②]，收集古代陶器、铜器多件。

1944年，地理学家刘恩兰在理县一带开展人地关系调查，发表《四川盆地之形成及历史》《川西之高山聚落》等论文和游记，也收购了当地出土的

---

① 冯汉骥，童恩正.岷江上游的石棺葬［J］.考古学报，1973（2）.

② 李绍明，周蜀蓉.葛维汉民族学考古学论著［M］.成都：巴蜀书社，2004：240.

一些石棺墓遗物。

1946年，郑德坤在其所著《理番县的石板墓文化》中即说明了石板墓的分布范围，认为大多数墓葬都处在溪沟、河流岸边，指出“华西大学博物馆收集到的实物，多来自威州附近的佳山寨、蒲溪沟、萝卜寨和理番古城附近的一些村落”①。

1964年，四川大学考古系在理县薛城镇箭山寨、汶川县姜维城发现新石器时代文化遗址，采集并出土了大量彩陶。随后，相关机构陆续开展了全面而详细的考古调查。1984年，为配合农田基本建设，阿坝州文物管理所及理县文化馆在佳山进行了抢救性发掘清理。②至2009年，包括杂谷脑河两岸地带的岷江上游地区共发现55处新石器时代文化遗址和29处新石器时代遗物采集点。这些考古发现，“不仅使羌族地区的新石器时代文化序列体系更为完备，同时也密切了与黄河上游在新石器时代文化上的联系，更为古蜀文明探源提供了重要的考古材料”③。

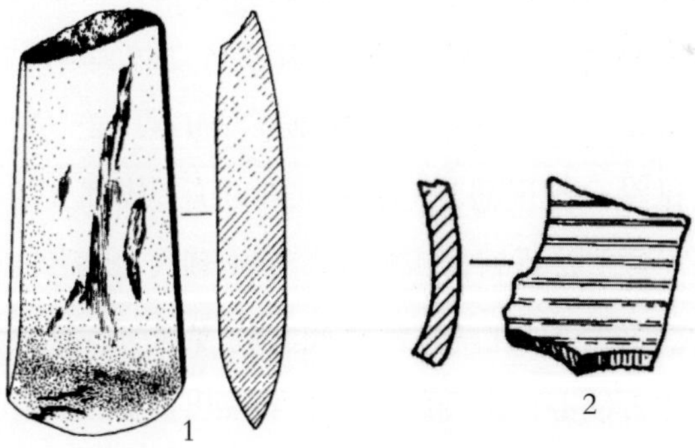

箭山寨出土玉石斧及陶残片④

① 阿坝州政协文史和学习委员会. 阿坝文史第三十六辑：岷江上游石棺葬文化集萃［R］. 内部印刷，2013.

② 徐学书，王晓玲，李默，等.四川理县佳山石棺葬发掘清理报告［J］.南方民族考古，1987（1）.

③ 蔡清. 羌区文物古迹［M］. 成都：四川民族出版社，2021：27.

④ 陈剑，李平，徐龙，等. 四川理县箭山寨遗址2000年的调查［J］. 成都考古发现，2005（0）.

箭山遗址　银福忠 / 摄

在蒲溪沟周边陆续发现的文化遗址及石棺葬墓群，主要有以下几处。

箭山遗址　位于理县薛城镇箭山村箭山组，地处杂谷脑河南岸四级以上缓坡地带。早在1964年，四川大学历史系考古组童恩正、林向二位教授发现该遗址并进行了试掘，出土器物409件。2000年，成都文物考古研究院、阿坝州文物管理所对该遗址进行考古调查，采集到大量陶片、玉石器等。2006年9月，四川省文物考古研究院、阿坝州文物管理所、理县文体局对箭山遗址进行了正规的考古试掘，发掘四层文化层，出土器物1500件，含石器、骨器、陶球、彩陶片、泥质及夹砂陶片若干。经比较研究，考古专家认为该遗址距今5000年左右，彩陶片与马家窑类型文化的彩陶器相似，属于同一种新石器时代文化系统，并含有典型的齐家文化因素。2007年6月，箭山遗址被四川省人民政府公布为第七批省级文物保护单位。

佳山石棺葬墓群　位于理县桃坪镇佳山村。曾于1984年发掘清理了15座石棺墓葬、1座祭祀坑。墓群系西南—东北向分布，墓向基本一致，各墓间距0.5—3米，横向排列，墓穴皆为长方形竖穴土坑，墓葬形制有单层无底石棺、双层无底石棺、独木棺等。出土器物369件，包括陶器、铜器、铁器、木器、漆器等，其中陶器数量多，器形丰富，纹饰多样，有少量彩绘。此外，还出土有半两钱、五铢钱、羊毛织品、丝绸织品、植物根、动物骨骼等。经研究推测，佳山石棺葬墓群年代为战国晚期至西汉。1989年，该墓群被阿坝州人民政府公布为州级文物保护单位。2000年6月，成都文物考古研究院、阿坝州文物管理所、茂县羌族博物馆、理县文管所组成联合考古调查队对佳山遗址进行了考古调查。发现遗址东西长约690米，南北宽约200米，分布面积约13万平方米，有文化堆积层，属于新石器时代文化遗址。

小歧寨新石器时代遗址　位于理县薛城镇小歧村。遗址东西长100米，南北宽200米，分布面积约2万平方米，遗址范围内采集有部分夹砂红陶、夹砂灰陶、石斧、石凿等。2007年，该遗址被公布为县级文物保护单位。

大歧寨新石器时代遗址　位于理县薛城镇大歧村。遗址东西长800米，南北宽100米，分布面积约8万平方米，遗址范围内采集有较多的夹砂红陶、夹砂灰陶、泥质红陶等。2007年，该遗址被公布为县级文物保护单位。

二 历史沿革

GVERVA ER-LOUS

理县历史悠久，作为藏、羌、汉、回等民族人民交往交流交融的重要通道，保存着独特而丰富的人文资源。

早在新石器时代，杂谷脑河畔就有人在此生息繁衍。《尚书·禹贡》所记此地为梁州之域，秦属湔氐道。西汉元鼎六年（前111年），置汶山郡，始入中央版图。地节三年（前67年），今桃坪镇古城村置有广柔县，属蜀郡。东汉光和七年（178年），属汶山郡。

隋开皇四年（584年），今薛城镇较场村设立了薛城戍。两年之后，置金川县，治所在今通化乡卡子村。仁寿元年（601年）改为通化县。唐武德七年（624年），今杂谷脑老街建维州，管辖杂谷脑河周边地带。其间，唐与吐蕃之间展开拉锯战，维州一地多次发生战役。至宣宗大中三年（849年），剑南道西川节度使杜悰收复维州，下辖薛城、定廉、小封、通化四县。[①]其中的小封县，于咸亨二年（671年）设，治地在今蒲溪乡河坝村。此为蒲溪一带，特别是休溪村有史可查的最早记录。晚唐至民国时期，薛城镇是岷江上游杂谷脑河流域的政治、经济、文化中心。传说，薛城之名与三国时期的薛齐将军有关，因他为蜀汉王朝的建立立下赫赫战功，在这一带筑城

① 薛城县，唐高祖武德七年（624年）设，治地今薛城镇；定廉县，唐高祖武德七年（624年）设，治地今上孟乡塔斯村；通化县，武后垂拱二年（686年）设，治所今通化乡通化村。

镇守，而取名薛城。

北宋景祐三年（1036年），维州改名威州，领有保宁、通化二县。前者治所在今薛城，后者在今通化乡卡子村。元朝沿袭唐制，在杂谷脑河流域设置的威州只领通化一县。

至明洪武元年（1368年），仍置威州。洪武六年（1373年），薛城改设保县，隶属威州。洪武二十四年（1391年），治所迁至霸州，即今汶川县霸州镇联合村东门口。永乐五年（1407年）置杂谷安抚司。

清初，杂谷土司辖地西至党坝，东至通化。仍置保县，隶属成都府，治所在今薛城镇沙金村。后因水灾，县治迁到堡子关，属于茂州直隶州。威州知州贺新所撰《南堡记》中提及“内者曰歧上，又曰蒲溪五寨”[①]。清乾隆十七年（1752年），改土归流，废杂谷土司，设杂谷厅，治所在今薛城，辖杂谷屯、甘堡屯、上孟屯、下孟屯、九子屯。乾隆二十五年（1760年），杂谷厅升为杂谷直隶厅。清乾隆《保县志》载，“蒲溪、咻鸡、岐山、勒格、半坡、达汉、色、葵寨、马山、箭上”，“以上各寨为前番，在旧保城外东西山岭”，[②]所记“咻鸡”即休溪，也写作“修溪”。

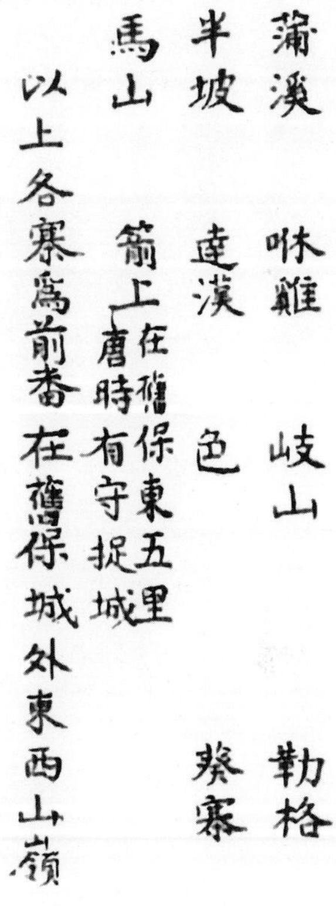
蒲溪　咻雞　岐山　勒格
半坡　達漢　色　葵寨
馬山　箭上在舊保東五里唐時有守捉城
以上各寨爲前番在舊保城外東西山嶺

《保县志》相关记载

嘉庆七年（1802年），改理番直隶厅，辖四土、五屯、九枯、十寨、

① ［清］吴羹梅. 理番厅志（卷五）：艺文［M］. 同治七年刻本.

② ［清］陈克绳，毕成裕校注. 保县志（卷二）：民居［M］. 阿坝州地方志编纂委员会，1998：61-66.

休溪村传统建筑（一） 银福忠 / 摄

休溪村传统建筑（二） 银福忠 / 摄

三番、六里。[1]其中，“十寨”为蒲溪十寨，有前五寨、后五寨之分。前五寨指箭山半坡寨、上岐山寨、中岐山寨、下岐山寨、马山寨，后五寨有休溪寨、色耳寨、老鸦寨、奎寨、蒲溪寨。

民国二年（1913年），理番直隶厅改为理番县，属川西道。民国十一年（1922年），军阀混战，时任守备高益斋曾带领五屯屯兵及蒲溪十寨2000余人，向薛城进发，赶走了邓锡侯所属军队，免除了苛捐杂税。

民国十七年（1928年），理番县把六里划为四个区，区下设立乡、保、甲，10户为一甲，10甲为一保，保上为乡团。其大部分行政区域划为薛城、通化、威州、杂谷脑四个区。[2]其中，第一区，区公所驻薛城，管辖薛城及蒲溪十寨，蒲溪前五寨为箭山、半坡、马山、大岐、小岐，后五寨为蒲溪、休溪、奎寨、色尔、老挖。[3]第二区，区公所驻通化，辖下庄、古城、通化、甘堡四里。第三区，区公所驻威州，辖威州及桑坪里、铁邑里等地。第四区，区公所驻杂谷脑，辖杂谷脑及附近村寨。这一期间，种、运、售、吸食大烟之风在松、汶、茂、理四县逐渐泛起，杂谷脑河两岸平坝田地以及许多高半山耕地被种上了大烟，对经济生产及人民身心健康产生破坏性影响。

民国二十四年（1935年），理县属四川省第十六行政督察区管辖。同年5至8月，中国工农红军第四方面军经过薛城，建立了包括薛城、通化两区，杂谷脑、薛城、蒲溪等乡的苏维埃政权。其中，蒲溪乡从各寨选出主席、副主席、秘书、游击分队长、土地委员、经济委员及其他代表组成苏维埃政

---

① 四土：指梭磨宣慰司、卓克基长官司、党坝长官司、松岗长官司。五屯：指杂谷屯、甘堡屯、上孟屯、下孟屯、九子屯。九枯：有前三枯、中三枯、后三枯，共58个寨子。三番：包括旧番、新番、三齐番，共53个寨子。六里：指甘溪里、通化里、古城里、下庄里、铁邑里、桑坪里。

② 其余地区为县府直辖，实行土屯制度。分设杂谷屯、甘堡屯、上孟屯、下孟屯、九子屯、梭磨土司、松岗土司、党坝土司、上来苏、下来苏、上芦花等。

③ 理县志编纂委员会. 理县志［M］. 成都：四川民族出版社，1997：274.

府，属薛城区管辖。少先队长由各游击分队长兼任。组织架构具体如下：[①]

主席：王龙善（大寒寨）

副主席：李冬生（蒲溪寨）、王喜春（蒲溪乡）

秘书：王明远（河坝人）、王长清（蒲溪乡）

经济委员：韩树全（蒲溪寨）、王学成（河坝人）、王登喜保（休溪寨，兼）

其他代表：王真元（蒲溪寨）、徐凤龙（休溪寨）

休溪游击分队长：王登喜保（休溪寨）

色尔游击分队长：王海（色尔寨）；副队长：白成龙（色尔寨）

河坝游击分队长：般冬冬（河坝人）

河坝半坡分队长：祁嘉开（河坝半坡寨）

蒲溪游击分队长：韩长清（蒲溪寨）

土地委员：王杨福龙（休溪寨）、王佳明（奎寨）、王祥清（色尔寨）、余长喜（河坝人）、余海庭（蒲溪寨）

红军和苏维埃政府大力宣传革命真理，开展推翻封建制度的运动，组织群众筹办各种物资并帮助转运，护送安置伤员，宣传吸食大烟的害处。此外，还动员青年参加红军。据统计，理县有380多人参加红军，仅蒲溪就有80多人。[②]在红军离开后，反动势力立即进行了反攻倒算，“仅蒲溪乡被杀害的苏维埃干部就有10多人，被吊打病死的有50—60人”。[③]各族人民为革命做出了积极贡献。

① 阿坝州政协文史和学习委员会. 阿坝文史第四十一辑：红军长征过雪山草地大事记［R］. 内部印刷，2016：65-66.

② 政协理县委员会文史资料编辑委员会. 理县政协文史资料选辑：第一辑［R］. 内部印刷，1997：57.

③ 理县志编纂委员会. 理县志［M］.成都：四川民族出版社，1997：48.

民国二十五年（1936年），理番县推行“县政改革”，分区设署，改屯设乡，再次分区。第一区驻薛城，辖薛城镇、上孟乡、下孟乡、甘堡乡、薛城乡；第二区驻兴隆，辖杂谷脑镇、来苏乡（今米亚罗）、兴隆乡；第三区驻通化，辖通化乡、桃坪乡、龙溪乡、克枯乡和威州镇。

民国二十六年（1937年），抗战全面展开，川政统一，结束了军阀割据的防区制。政府下令禁烟，采取措施禁吸、禁售、禁运，在要道隘口设立哨所，并派人到蒲溪沟、维关等地检查，禁烟略有成效。

民国三十五年（1946年），县名去“番”改为理县。县治杂谷脑镇，是川西北交通要塞和商贸集散地之一。城中镇改称薛城镇。

1950年1月1日，理县和平解放。同年2月26日，理县人民政府宣布成立，治所在薛城，隶属茂县专区，设立有薛城、威州、兴隆三个区公所。区以下设乡镇。蒲溪、休溪等归属第一区薛城，后改由甘堡管辖。1951年10月，治所迁至杂谷脑。1952年，薛城建乡，后改称公社。

1955年后，蒲溪村、休溪村从甘堡乡划出，建立蒲溪乡，成为全县11个乡镇之一。①1958年4月，国务院决定撤销茂县、汶川县，将理县通化区的龙溪、桃坪、通化，薛城区的薛城、上孟、下孟、蒲溪等地，与汶川、茂县原辖域并在一起，成立茂汶羌族自治县，县政府驻威州镇。蒲溪乡改称蒲溪人民公社，下辖村、组分别改称为生产大队、生产队。同年8月之后，理县治地由杂谷脑先后迁往刷经寺、哈拉玛（今红原县邛溪镇）。1960年5月，红原县成立，撤销理县，原辖域划归汶川县。1963年6月，恢复理县建制，原划入茂汶羌族自治县的行政区域归回理县，治所杂谷脑镇。同年7月，蒲溪与通化、桃坪、薛城、沙金拟建立羌族乡。龙溪乡划归汶川县。

1984年2月，蒲溪乡经四川省人民政府批准改建为蒲溪羌族乡。全乡总人口1936人，其中羌族1914人，占总人口的98.9%。②1985年，全县有2个

① 11个乡镇包括薛城、上孟、下孟、通化、桃坪、龙溪、蒲溪、甘堡、兴隆、朴头、杂谷脑。

② 《羌族词典》编委会. 羌族词典［M］. 成都：巴蜀书社，2004：17.

镇、12个乡，辖4个居民委员会、82个村民委员会，203个村民小组。1987年，阿坝藏族自治州更名为阿坝藏族羌族自治州，撤销茂汶羌族自治县，复置茂县，撤销原来13个羌族乡建制，蒲溪羌族乡复名蒲溪乡。

“休溪”（hlhouji），其中，“休”（hlhou）是“阴”的意思，“溪”（ji）是“人户、房名”的意思，二者相连意思是“阴山之处住的人家”。[①]在老一辈的记忆中，仍然保留着“蒲溪十寨”这一习惯称呼，所指区域包括“色尔寨、奎寨、老鸦寨、休溪寨、大蒲溪（包括大寒寨、小火地）和薛城镇的小岐山寨、大岐山寨、马山寨、箭山寨（包括南沟小寨）以及木卡乡所辖的朱耳寨（又称三寨）”[②]。2019年，木卡乡并入薛城镇，朱耳寨改称三寨村。

蒲溪十寨分布示意图　刘力谋 / 绘

---

① 微信访谈对象：韩龙康；访谈时间：2022年5月2日。

② 《行游理县》编委会. 行游理县［M］. 成都：四川美术出版社，2006：50.

1990年，蒲溪乡有河坝、休溪、蒲溪、奎寨、色尔5个行政村，13个村民小组。至2008年，行政划分保持不变。

2008年“5·12”汶川特大地震中，蒲溪乡各村寨的房屋、基础设施、耕地、农作物等毁损严重，群众积极开展自救。但由于震后次生灾害不断，蒲溪乡部分人员迁居到他处。如，色尔村[①]灾后重建中有13户搬迁到外村，后来该村再次发生地质灾害，至2012年底，全村48户通过分散安置的形式完成整村搬迁，主要分布在理县杂谷脑镇等乡镇，其余14户安置于红原、壤塘、马尔康、成都等地区。奎寨村在2017年发生山体滑坡，通过理县“易地扶贫搬迁实施计划”，整村39户离开了原居住地，其中，30户110人集中搬迁到兴隆村的三足坝，安置点距离县城杂谷脑镇1公里，占地5000平方米，当地称“七大队”。就这样，几经整合，蒲溪乡行政划分发生变动，现辖河坝村、休溪村、蒲溪村、奎寨村4个行政村。

汶川特大地震灾后重建中，休溪村有48户重建户（后陆续迁走4户）。按照政府相关政策，根据“就近，就地，分散安置”的原则，以家庭人口数给予不同数额的住房补贴。由于家家重建，劳动力紧缺，特别是工匠偏少，村民们众纷纷发扬互助合作的精神，男人砌房，女人背石块，用了半年多时间，即至2009年6月，48幢新房全部竣工，村民顺利入住，彻底解决了过去该村一楼畜圈二楼人居的“人畜混居”问题。

---

① 色尔村位于蒲溪乡政府西南部，海拔2300米，坡度30度以上的土地占95%。

三 人口溯源

MEGAE TUS

（一）人口变化

清《保县志》载："旧保前番蒲溪十寨番民共五百六十余户，后番梁黄二十七寨番民共五百三十余户。"此处并未将休溪单独列出，而将蒲溪十寨悉数统计，按每户5人计算，整个地区大约2600人。

从民国三十年（1941年）的《理番屯土各族数量概况表》中可见，当时的甘堡屯的守备管辖20寨，户数为650户，屯兵数为600人。20寨中即含蒲溪一带的羌民。民国三十一年（1942年）的《理番县三十一年旱灾报告书》中指出，理番县的羌族人口约28000人，但研究者认为这部分人口可能包括了部分汉族。[①]

中华人民共和国成立后，理县在1951年进行第一次人口统计。统计显示，甘堡乡有41个寨子，516户3179人。

1952年，相关调查资料显示，理县的羌族以"东部普溪沟，九子屯及通化、桃坪、龙溪三乡为聚居区"，人口7636人，占总人口的34%。[②]此处的普溪沟即指蒲溪沟，包括十寨。

① 李绍明，周蜀蓉.葛维汉民族学考古学论著［M］.成都：巴蜀书社，2004：15.
② 西南民族学院民族研究所.羌族调查材料［R］.内部印刷，1984：4.

绿色休溪　银福忠 / 摄

1955年成立蒲溪乡后，开始有了蒲溪乡的人口统计。

1963年，阿坝藏族自治州人民委员会《关于建立汶川县克枯、雁门、麦地三乡和理县通化、桃坪、龙溪、薛城、沙金、蒲溪六乡民族乡的批复》[①]中附表显示，当时蒲溪公社有288户1340人，其中，羌族282户1304人，汉族5户33人，藏族1户3人。

1977年，理县县委决定，实施集兴修水利、新垦耕地、移民等诸效益于一体的“熊耳山工程”。[②]据了解，政府组织了“三乡八寨”（蒲溪、薛城、木卡）部分群众搬迁至熊耳山原熊耳农场驻地定居，组成了联合大队，后谓“联合村”，[③]一定程度上解决了原居住地土地分布不均的问题。联合村成为甘堡乡的一个行政村，与熊耳村、耳浦村、八什闹村、日尔脚村、甘堡村相邻。

1982年的第三次全国人口普查数据显示，蒲溪公社总人口为1871人，有81%的人居住在高半山地区。据当地老人回忆，在20世纪80年代，休溪村最

① 阿坝藏族羌族自治州地方志编纂委员会. 阿坝州羌族志［M］. 成都：巴蜀书社，2015：503.

② 理县志编纂委员会. 理县志［M］. 成都：四川民族出版社，1997：34.

③ 访谈对象：周福香；访谈地点：休溪村王树清家；访谈时间：2018年3月6日。

多有72户400余人。

1990年，蒲溪乡总户数362户，总人口2017人。其中，男1035人、女982人，农业人口1990人。

2000年第五次全国人口普查中，蒲溪乡有289户1802人。其中，农业人口1745人，非农业人口57人；从民族成分来分，羌族1767人，藏族25人，汉族8人，回族2人。

2005年，蒲溪乡有330户1364人。其中，农业人口1335人，羌族占全乡总人口的99%。休溪村有57户246人，住户居住集中，分成3个村民小组。

2005年蒲溪乡行政村基本情况表[①]

行政村	村民小组（个）	户数（户）	人口（人）	人均收入（元）
河坝村	3	65	241	1385
休溪村	3	57	246	1420
蒲溪村	5	112	437	1300
奎寨村	1	38	158	1380
色尔村	1	58	253	1350

在2008年“5·12”汶川特大地震中，蒲溪乡受灾371户1791人。房屋受损面积11.13万平方米，房屋垮塌109户2769间，垮塌面积4.52万平方米，危房262户；[②]遇难2人，伤18人。之后，蒲溪乡的人口逐年减少。其中，休溪村2008年有61户，人口约300人。至2010年，在第六次全国人口普查中，蒲溪乡常住人口总数为345户1506人，其中，休溪村有57户289人。

2011年，蒲溪乡辖5个行政村，13个村民小组，447户，1516人。

2018年，蒲溪乡辖5个行政村，423户，1608人。

2020年，理县村级建制调整。色尔村和河坝村撤并，命名为“河坝村”，成立色尔组，将原河坝村、色尔村搬迁到其他乡镇的散户就近并入相

① 理县地方志编纂委员会. 理县志（1991—2005）[M]. 北京：方志出版社，2013：45-46.

② 《汶川特大地震理县抗震救灾志》编纂委员会办公室. 汶川特大地震理县抗震救灾志[M]. 北京：开明出版社，2016：32.

邻村组，村民委员会驻地设在原河坝村村民委员会；奎寨村和休溪村合并，命名为“休溪村”，原奎寨村集中搬迁到杂谷脑镇兴隆村的搬迁户并入兴隆村，成立奎寨组，原奎寨村搬迁到其他乡镇的散户就近并入相邻村组，村民委员会驻地设在原休溪村村民委员会；蒲溪村不变。至此，蒲溪乡改辖3个行政村，有9个村民小组，共285户1028人。其中，休溪村75户287人。

2022年，蒲溪乡总人口1516人。其中，休溪村478人，河坝村554人，蒲溪村484人。

（二）姓氏与家谱

休溪村主要有王、徐、孟、余、龚五个姓氏。其中，人数最多的为王、徐两家。

王家（vvangja），他们与罗家最早来到休溪。因同祖，王、罗二姓祖坟埋在一起，被称为“阿觉”（vhajo）。两个家族历来在办红白喜事时要互相邀请。随着人口增多，罗家人便陆续离开，搬迁到其他地方，如蒲溪乡河坝村3家，薛城镇七家寨1家，甘堡乡甘堡村1家、熊耳村1家。

据调查，王家、徐家均一直保留有家谱。王家其中一脉提供的《王氏宗谱》中有老本、信笺本和复印本三种。老本略为残破，成书时间大致为清咸丰元年（1851年）；信笺本应为20世纪八九十年代手抄本，在信笺纸上誊抄老本，纸张大部分泛黄；复印本为近年利用复印机印成。三本家谱均说明王家对家谱的重视。其内容一致，文中写到“先祖之有脉，后人气节传”，表达出要把家谱传递给后人的愿望，并标注“王、罗二姓宗泒”，证实所言“王、罗同源”。王氏字辈二十字如下：“万世文太吉，廷成凤国明，富强永康乐，幸福享和平。”[①]现休溪王家中分支的纳巴家族还按家族字辈起名。但遇“富”字辈时，应是“村中教书的老师代长子取名，将字辈的‘富’听成‘术’或‘树’”之故，而其他子弟均按字辈起名无

① 资料来源：据2019年3月由王家提供《王氏宗谱》。

王家老房子　耿静 / 摄

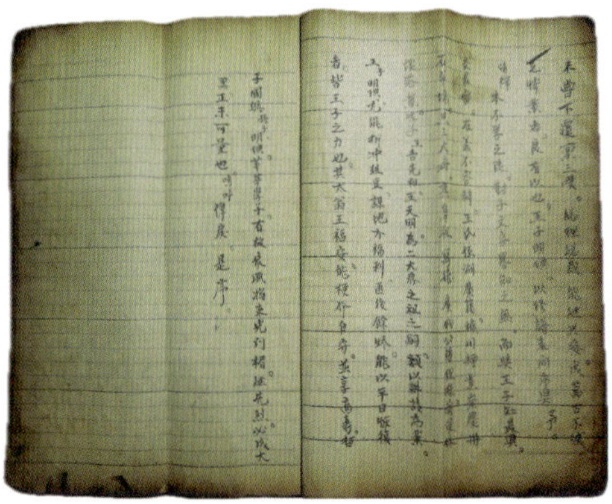

《王氏宗谱》相关记载　耿静 / 摄

误。谱中序言谈及“王氏系湖广籍填川插业崇庆州石羊场”，鼻祖来到“理县蒲溪修溪落业”，“类以耕读为业”。从家谱所记先祖考妣姓氏来看，王家与当地徐、祁、余、孟、韩、杨等家族开亲。所记载谱系包括鼻祖至祖九代，也就是说王家在休溪已经发展有十二三代人，距今至少有300年历史，反推而上，大致在清中期迁居到此。

徐、孟、余三家在王、罗二家之后迁来。三家在当地因同祖而不能通婚，有“三家不开亲”的说法。每年，三家会祭拜同一个被称为“王坦”（vvangtan）的祖坟。休溪一地留存有徐家古墓，石质墓碑呈山字形，结构复杂，有碑顶、飞檐、碑柱，装饰雕刻众多人物图案及文字，石碑现已经裂为三块，其中一块的碑文指出先祖“太原籍江楚宜昌郡三口人氏贸易来川业建修口村乐耕成家后……”，落款时间为“大清光绪辛□[①]年仲春”。此碑表明，徐家先祖因商贸到此地定居。

徐家古墓碑 银福忠 / 摄

但访谈中，也有人对家谱表示质疑。他们认为休溪的王家有两支，一支奉“纳巴”（labagva）为先祖，先祖可能来自外地，但另外一支应是本地人。原因在于，王家或大蒲溪的韩家是当地较早出现的人家，其家谱上书写源于崇庆州，但口传的一些先祖名字为少数民族名字，在清道光年间前后才开始出现汉族名字。因此，他们认为另一支王家也来自外地的可能性较小，不排除崇庆州来的官员给当地人取汉姓，后人将先祖追溯至外地移民并写入家谱的可能。这一点，从羌族释比的谱系也可以得到印证，其近四代为汉族

① 本书用“□”表示原文中辨识不清的字。此处疑指辛巳年（1881年）。

名字，之前为少数民族名字。

无论怎样，休溪的人口来源多元，经过多年发展，形成了现在的人口分布格局，这是历史上各民族交流交往交融的见证。

2014年休溪村三个组各姓数量统计表①

单位：户

组别	王姓	徐姓	孟姓	余姓	龚姓	祁姓	合计
一组	8	11					19
二组	11	3	5	2			21
三组	8	5	2	3	3	1	22

（三）语言

蒲溪沟的羌族使用羌语，也能用汉语交流。这与他们从小接受学校教育及与外界不断交往交流有直接关系。他们自称“尔玛”（rrma），称汉族为“和热”（hhrre），藏族为“尺布”（hbae）。

有关羌语的研究始于20世纪30年代。语言学家闻宥曾到理县进行调查，将蒲溪羌语划为一个独立的方言。②中华人民共和国成立之后，在全国范围内开展了少数民族语言及历史大调查。语言学家孙宏开、刘广坤、黄布凡等学者对羌语展开了调研，蒲溪是31个调查点之一，他们在对语料开展研究之后，得出了蒲溪羌语属于羌语南部方言大岐山土语的结论。

2000年左右，学者黄成龙对蒲溪羌语开展了详细的调查研究，认为“2000多以羌语为母语的羌族世居在该乡，除了操羌语外，蒲溪羌族几乎所有成年人都会说汉语西南官话。蒲溪羌语属于羌语南部方言大岐山土语”。通过比较研究，他还认为，“蒲溪羌语被汉语西南官话和嘉戎语所包围，但

① 李锦. 羌寨空间建构的文化逻辑与震后村寨空间修复［J］. 中华文化论坛，2015（11）.

② 闻宥. 川西羌语之初步分析［G］// 中国文化研究所集刊：第二卷. 1941.

聚会闲聊　银福忠 / 摄

嘉戎语对蒲溪羌语影响很少。汉语对蒲溪羌语的影响不仅在语音上，而且词汇和句法上也有一定影响”。[①]这反映了传统中蒲溪十寨语言相同，为蒲溪地方特色文化突显打下了基础。同时，在历史发展的洪流中，蒲溪羌语在当地羌族与他族交往中也发生着变化。

蒲溪十寨名称羌语发音及羌文书写[②]

村寨名	国际音标	羌文	村寨名	国际音标	羌文
箭　山	dʐetɕi	zeijji	大蒲溪	bæniəu	bbaelu
马　山	mesdæn	meashdae	奎　寨	ɣue	ggui
大岐山	keta	ggeadae	河　坝	bieta	rrapi
小岐山	sephata	seapada	三寨（猪儿寨）	dzilə	zzile
休　溪	χɬəutɕi	hlhouji	色　尔	χɬəuzu	hleussu

① 黄成龙. 蒲溪羌语研究［M］. 北京：民族出版社，2006：4.

② 访谈对象：王树清、周福香、王强莉；访谈地点：休溪村王树清家；访谈时间：2018年3月6日。

四 教育医疗

SOUSOUBA NYI YITABAS

（一）教育

明洪武时期，保县即开始设立儒学。至清光绪三十一年（1905年），设立劝学所，开始建立学堂，推广新式教育。清末民初，“除一线官道上的场镇办有一些私塾和几所小学外，其它羌村藏寨很少设有”。[①]在薛城、通化、威州、杂谷脑等地均有私塾，但学生人数不多，仅限于家庭条件较好人家子弟。民国二年（1913年），在薛城城隍庙建起一所县立高等小学校，招收初级班学生，开展启蒙教育。民国三年（1914年），原来的教育机构劝学所改为教育局，后设立督学负责此事宜。三年之后，在桃子坪增头寨设初等小学一所，教育的触角开始走向乡村。

民国二十五年（1936年），理番县开始推行义务教育，在一些乡镇开办短期小学，校点分布在“薛城、甲米、建山、大歧、小歧、上孟、下孟、通化、甘溪、渔湾、桃坪、曾头、古城、杂谷脑、营盘街、甘堡、朴头、大蒲溪、夹壁、米亚罗等”，“民国38年（1949年），理县有中心国民学校16所，保国民学校37所，私立学校2所，共55所”。[②]1950年2月，理县人民政

① 理县志编纂委员会. 理县志［M］. 成都：四川民族出版社，1997：627.

② 理县志编纂委员会. 理县志［M］. 成都：四川民族出版社，1997：627.

府成立，下设教建科管理教育和建设工作。1951年，县政府迁至杂谷脑镇。因教育机构长设于薛城，现代教育较早在大蒲溪等羌村藏寨开展，对包括休溪在内的周边群众多少有着长远的影响。休溪只因村寨规模不及大蒲溪，未设学校。

1953年，理县新建杂谷脑民族小学、大蒲溪初小、甘堡初小及6所村小。1963年，理县兴办民办小学。休溪村开始设立村小，地址在村中的老庙子。据当地老人回忆，当时村小学生较多，有二三十人。学生招收范围仅局限于休溪的三个大队。村小采取教授汉语的复式教学方式，学生读至四年级便转学到薛城中学。来这里的老师也不少，最早是杨老师（理县营盘街人）、朱老师、黄老师、陈光清（女），然后有徐治南（都江堰柳街人，在此教书十余年）、徐清生（本地人，已去世）、王丁清（已去世）、徐清源（徐清生兄弟，先民办后转正）、龚周顺（色尔村人）等人 。

1976年后，理县各学校教学秩序重新走上正轨，相继恢复了乡镇中心校，蒲溪乡中心小学校在其列。1986年，调整校点布局，开始实施民族寄宿制教育，分重点、普通和乡村三类民族寄宿制班。第一类是理县中学三个

碉房墙体　银福忠 / 摄

初中班和营盘街小学三个高小班，共95人，人均每年由地方财政补贴80元；第二类是理县中学、薛城中学、通化中学和米亚罗中学20个班，共706人，人均每年由地方财政补贴20元；第三类是包括蒲溪乡在内的全县11个乡中心校，学生来自高半山村寨，共445人，人均每年由地方财政补贴30元。休溪村原有村小，但在2008年汶川特大地震之后撤销，全村的小学生都到乡中心校就读，之后再到薛城中学、理县中学或汶川威州中学求学。

（二）医疗

长期在高寒地带生活的人们，虽辛苦劳作，但从土地里收获不多，往往只有以采集或狩猎来补充生活所需。他们练就了健壮的体魄，患重病的人少，其常见病表现为感冒、腹痛、风湿等病症。过去，村民若有不适症状，只能通过释比做法事或采用民间单方来解决。民国二十九年（1940年），中华基都教会全国总会边疆服务部①分别在四川设立川西区部和川南区部，其中，川西区部先后在威州、杂谷脑、薛城开设诊所，并在桃坪佳山寨、甘堡日尔觉寨设立医疗站。若休溪民众生重病，在释比做法事而症状未能缓解的情况下，其家人才会沿着蜿蜒的小路，将病人送至边疆服务部下辖的薛城诊所就医。

中华人民共和国成立后，当地政府建立了州、县、区、乡四级医疗服务体系，在县治建有人民医院、卫生防疫站、妇幼保健院，在通化、薛城、米亚罗成立三个区卫生院，负责本辖区的医疗、防保工作及对乡卫生院进行指导，后均更名中心卫生院。1964年7月，蒲溪乡中心卫生院成立。这样，休溪等地村民可直接到蒲溪乡中心卫生院就医，病情严重者则到薛城中心卫生院或理县人民医院。1965年，休溪村有了赤脚医生孟全芝（本地人）。她在此安家，担任村妇联主任，工作直至20世纪90年代。后因人多土地少，她随家人搬迁到木卡乡九子村。其时，蒲溪乡中心卫生院为蒲溪乡群众主要的就

---

① 边疆服务部于1953年被移交汶川和理县卫生院。

医点，是理县九个乡镇卫生院之一，占地面积360平方米，有职工4人，均有专业技术职称，设西医内科、儿科、外科、妇科综合诊断室。2005年，卫生院进行升级改造，增添了洗胃机、B超机等基本医疗设备，开设病床4张。

2008年“5·12”汶川特大地震中，从县至乡镇，医疗机构、设施及药品均受损严重。湖南省对口支援理县灾后重建工作队将蒲溪乡中心卫生院纳入援建的卫生类项目。2009年12月，新修的蒲溪乡中心卫生院顺利竣工并投入使用，总建筑面积1176平方米，包括业务综合楼912平方米、职工周转房264平方米，设备器械按照汶川地震灾后医疗卫生机构建设和装备指导标准配置。伴随着交通条件的改善，新型农村合作医疗工作顺利开展，乡村医疗卫生状况得到极大改善。至2011年，乡镇卫生院与县级医院报销比例分别达到90%和80%，广大群众得到真真切切的实惠，为建设美好家园，助力当地社会经济发展提供了保障。

第四章

D I S I Z H A N G

山间静谧的村寨

VSUGVEI CUIVEI

一 村落选址与布局

CUIVEI SSUEBESLA NYI BAITA

村落是人们聚居活动的场所。人们在此居住，通过长期的生产生活实践，结合血缘关系与地缘关系，形成一套文化系统，进而反映出群体对自然界和人类社会的认知。

震后新修的休溪羌寨山门　银福忠 / 摄

村落选址经验是一种生存智慧，需要从水源、耕地、朝向、防御、避灾及精神需求诸多方面进行综合考虑。如高山积雪及终年不断的潺潺流水，为人们提供了清洁的用水；居住地周边有赖以生存、可供开垦的土地；依靠附近的高山草甸与亚高山草甸放牧牛羊，在林地中采集或狩猎，弥补人们生活所需……同时，为预防风险，避免争斗，确保安全，羌族的一些寨子往往建在崇山峻岭之中的高半山台地上，仅有羊肠小道与外界联络，以居高临下之势，发挥出防御功能。一旦确定居住地位置，便要集中人力、物力进行建设，以便能依靠所处环境达到生产丰收、生活安定、子孙后代永续延绵的目的。

在蒲溪一带老释比念诵的经文里，就有着古羌人选址建家园的传说。传说他们站在高高的雪隆包山上射出一支带有青稞籽的箭，箭头落在杂草丛生的地里，到第二年，这些地方长出了郁郁葱葱的青稞。“立寨祖神抓了一把

顺山势筑寨　银福忠 / 摄

2008年前的休溪下寨　蒲伟 / 摄

土在怀里，立一颗白石在此处，说：‘尕基呢厄哇！我的家园是了。’”[①]从此开始在此地造屋耕地安居。

聚族而居为羌族村寨的一大特色。社会组织的最小细胞——家庭是以“一夫一妻关系为基础的父系小家庭”。[②]通常，父系直系亲属共同居住在一起，姓氏数量的多少，不仅反映出村寨内部亲属交往关系，也决定了村寨规模大小。

休溪村最早集中于下寨。这里地处阳山，坡度较大，村内房屋顺山势而建。随着人口不断增加，寨子不断向外延伸，规模逐步扩大，开始有了中寨、上寨。因此，休溪村包含了下寨、中寨、上寨三个建筑群落。

下寨整体建筑为“两横三纵”的格局，房屋均为片石砌筑，为典型的

① 赵曦，吴天德. 毁灭性灾害后民族文化的再生与可持续发展［J］. 阿坝师范学院学报，2010（2）.

② 《羌族简史》编写组. 羌族简史［M］. 北京：民族出版社，2008：182.

羌族建筑，路面多为片石铺装，另有部分道路被整修成水泥路面。中寨建筑保留不多。上寨基本建筑格局保留完整，房屋建设各异，基本维持了原有风貌，尚有一些街巷为未硬化的泥巴路。

据村民回忆，曾因泥石流和山体滑坡等地质灾害，在1993年和2007年，政府两次组织下寨村民搬迁至本县其他乡镇，但因迁入地海拔较高，加上故土难离，部分村民放弃了。[①]2007年下半年，为了确保村民安全，政府按照每户宅基地120平方米的标准，从上寨调整划拨土地，由各家户主以抓阄方式决定地基位置，在政府提供补贴的情况下，下寨村民在上寨重建房屋。

2008年“5·12”汶川特大地震中，修建之地受到极大影响，房屋毁损严重。经地质勘探及科学评估，结果显示这一带地质灾害隐患小，因此，在政府组织下，以上寨为中心的地带作为灾后重建地。这样，休溪村就地重建，但整体布局发生了变化：居民灾后重建房主要集中在上寨，下寨被合并入上寨，大多数人家集中搬迁到上寨，仅有少数几户人家仍然居住在下寨，村寨规模变大；在下寨新修了山门，上寨新修了释比广场；新修的房屋与传统民居相较，建筑布局及形态均有了一定程度的改变。

下图为休溪村历史演变示意图，蓝色线条代表河流及湖泊，Z形灰线代表道路，点状红色标志代表人群居住聚落，分为清代之前、民国时期、2008年、2016年四个演变时期。从中可见，1950年前的村落重心在下寨，随着人口增加，加上自然灾害的影响，上寨逐渐成为聚落中心。

---

① 李锦. 羌寨空间建构的文化逻辑与震后村寨空间修复［J］. 中华文化论坛，2015（11）.

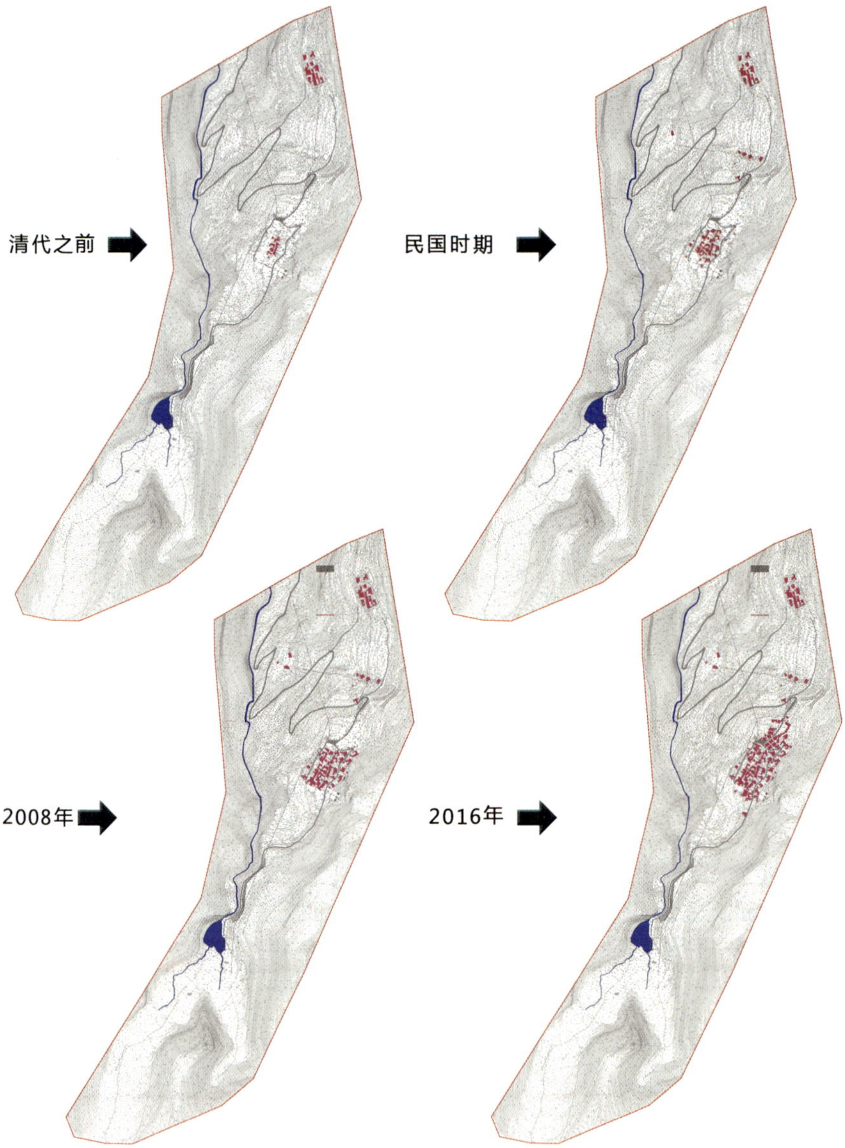

休溪村历史演变示意图[①]

① 转引自遂宁市城乡规划设计研究院有限公司. 理县蒲溪乡休溪村传统村落保护发展规划［R］. 2016：107.

二 建筑形态与技艺

CUIVEI JI YANGSHI NYI YIGVEA

蒲溪十寨的村民称房为“基”（ji），称家里为“基阁”(jigo)。石砌民居与土夯民居是休溪村的主要建筑形式。片石、泥土、木材是主要的建筑材料，皆取自自然，用于砌筑墙体、搭建梁柱、制作门窗。所有建筑均由村民自己修建。青年男子自十七八岁便开始学习砌筑技艺。在常年实践中，涌现出一批批能工巧匠，其砌筑石墙的技艺在阿坝州内外颇有名气，不少人常年受邀前往藏族群众居住的地方修房造屋。

按照形态来区分，休溪村传统建筑可分为碉房、祭祀塔、碉楼、庙宇、山门、广场等几类。

碉房（zheji） 即民居建筑，主要分单体式和院落式。为了抗震、防风、御寒，建筑采用“挖眼搭木、靠墙立柱”形式，分墙体修建，造型稳固。墙体以黄泥加片石砌筑，外墙厚重，一般在0.5—2米之间，明显向内收分，收分角度6—7度。收分处理可以减轻墙体上部的重量，使整体建筑重心下降，进一步增强建筑物的稳定性，提高抗震能力。土（石）外墙与内部木结构共同承重。砌筑时，村民凭经验施工，通过增厚、增高墙体，促使墙体自身稳固，并满足整体建筑结构稳定的需要。在内部各层木构架之间，没有连接措施，只是保持着柱位重叠，椽、梁柱之间上下搭接。

建设中的碉房　耿静 / 摄

重建后的碉房　银福忠 / 摄

通常，一座碉房只设立一个大门，大门外一侧往往放置“泰山石”或“石敢当”，据称可起着镇宅、辟邪、保平安的作用。

碉房大门外一侧的石敢当　银福忠 / 摄

碉房各个房间均开小窗，以朝南开窗的情况为多。外窗洞口普遍偏小，高度较低，导致室内光线不足，有的房间甚至在白天也显得昏暗。外窗上部有小雨篷“八苏”（bbasu），窗口外有灰色梯形窗套“巴卡”（bakva）。平屋顶的檐口构造采用简化处理，片石呈带状装饰。

碉房一隅　银福忠 / 摄

从建筑内部功能来说，碉房平面成矩形，一般为三四层，通高15—20米。其中，第一层（底层）为牲口圈养区，主人家常常将牛羊圈养于此处，既能起到保护财产的作用，也能挡风避雨，避免牲畜生病。同时，这里也常常放置一些杂物。第一层与第二层之间，以独木梯相接。独木梯系一根完整的木头层层砍出，仅供人单脚蹬踩，轻松上下。第二层为一家人生活的中心区域，由堂屋、火塘、灶房、神龛、卧室组成，其中，火塘、中心柱及神龛构成核心空间，人们在此就餐、取暖、议事、叙谈，在神龛前祭祀。灶台为东西朝向。神龛“喔”（vvo），是敬祖、敬神的地方。每逢节日或特殊的日子，须上香点蜡，摆上刀头（猪膘肉）、干果鲜果等敬神。人们在神龛前诵经祈福，希望得到神灵和祖先们的庇护。村民家中的神龛为三段式。上为天地君亲师牌位，左、中、右三门装饰有羌族特有造型，称为“牙口”；中为供台，镶方形边缘以摆放祭品月亮馍馍、太阳馍馍、人形馍馍；下为储物柜。第三层为储藏室，放置有猪膘肉或其他杂物。第四层又称为“照楼”，一面不封墙，为生活生

神龛 耿静 / 摄

产功能用房，放置脱粒机，兼做粮仓。碉房顶为平顶，用作晒坝，是晒粮的地方，四角摆放象征神灵的白石，中间设有一个被称为“龙嘴”的小祭祀塔，在羌族其他地区称“纳萨”（la vsa），颇具特色。人们可以在房顶祭祀、小憩、晒太阳、做针线活、与四方邻里拉家常。

2008年“5·12”汶川特大地震中，蒲溪乡的休溪、蒲溪、色尔、奎寨等村建筑受损严重，随后在政府领导下，开展了就近恢复重建工作。村民投工投劳，修建灾后重建房。总体上，寨子保持了原有风貌，除了核心建筑支撑里加入了钢筋，大都使用传统工艺砌筑，保留了原有羌族建筑的风格。

通往广场的过廊　耿静 / 摄

2010年，阿坝州委、州人民政府提出建设“幸福美丽家园村寨”目标，休溪村被列为100个示范村寨之一。其建设内容包括：开展公路与便民道路建设，新铺设柏油路10公里、水泥路2.4公里；开展农村饮水工程建设，埋设管道3公里，修建水池3座；开展村容村貌建设，完成路灯安装、标识牌设立、环境绿化，设立公厕、消防池、垃圾焚烧池等公共设施；建设村级活动中心、文化室、医疗站；建设无公害蔬菜基地；开展村民家中太阳能板安装、改圈、改厨、改厕等项目建设。示范工程的建设，让家家户户有院坝，将畜圈、厨房、厕所从原来的整体性构建中分离出来，为村民提供了更好的生活条件，促进了村容村貌的提升。新式民居在保持原有风貌的同时，结构上有了一定改进。一楼用石砌成，二楼用砖砌成。门窗依照现代建筑的形式，用标准门窗，使房间更为明亮。室内陈设增添了不少现代家用电器，如电视、电冰箱、电饭煲等。电炉代替了火塘，解决了烧柴排烟的问题。“厕圈楼下，烟厨房中，光在房外”的居住环境一去不复返。

“幸福美丽家园村寨”示范村　银福忠 / 摄

祭祀塔（jigea）　当地称“龙嘴”，汉语音译“祭格”。在羌族村落祭祀地和每户人家房顶皆有，是村民感恩天神、山神等诸多神灵及祖先神的地方。灾后重建后，有的村民在此插上了国旗，表达出对政府的感恩之情。休溪村中最大的塔当数建于释比广场的祭祀塔。这里是全村乃至全乡开展活动时进行祈愿祝福的重要场所。

碉楼　种类多样，大多是历史上山地民族用来瞭望，带有军事防御功能的建筑遗迹，并蕴含着家族繁衍的寓意，多见于青藏高原东缘地区羌族居住的乡村。休溪村历史上曾建有碉楼，但现已不存。汶川特大地震之后，新修的释比广场旁重新修筑有一座碉楼。该碉楼采取传统技艺修筑，以石为墙，作为民族文化符号而挺立。

庙宇　休溪村里有两座。其中一座庙宇被称为“甘珠瑟基”（gandheu

释比广场上的碉楼与祭祀塔　耿静 / 摄

vseiji），位于休溪村对面的半山上。另一座庙宇被称为“老庙子”或“瑟基”（vseiji），在村里，至今保存完好。据了解，老庙子建造年代早，在中华人民共和国成立之前，这里一直为休溪村村民祭祀之所，内有不少菩萨像。在20世纪60年代，菩萨像被毁掉，仅房屋保留下来。该庙宇一度被用作村小用房，成立中心校之后再次被废弃。但不久后因一些老人放入了几尊佛像，不少人又前来该庙宇祭拜。

老庙子里保存了一口大铜钟，用铁链挂在一角。钟面铭文及纹饰清晰可见。上部记有“大清国四川西道理番县修溪上村□□乾隆□十二年铸造神钟一口重六十四斤至道光二十七损坏□村弟子王庆元余氏发愿捐金”“重造洪钟一口敬献川主庙川主位呈进山神热鸰山神那丢山神千周□□□中吉祥如意”。铭文所写“修溪”即为“休溪”。令人惊奇的是，铭文中所记敬奉对象有川主及诸位山神，以汉语音译镌刻出山神名如“热鸰”“那丢”“千周”。据调查，至今在休溪，释比做法事和敬酒开坛的时候都要念这些山神的名字。钟上还镌刻有一些捐资者姓名，如王、孟、杨等姓，落款“清道光

老庙子里的清代铜钟　耿静 / 摄

二十七年四月”。纹饰可见植物纹及万字纹，在中部近沿口处刻有栩栩如生的龙纹。从中，我们可以了解到道光年间休溪民众的姓氏及民间信仰情况。

相传，此钟原放于“甘珠瑟基”，此庙废后，才被移至老庙子。当地还流传着有关这口钟的故事。“这口钟是村民集体出银子打制的。当时每家每户都把银子交上去，然后由一个办事的人带着银子到制作钟的地方。造钟的人一看，就说还不行，还差一家人的银子没有给。办事的人只有返回，把情况给村民讲，把礼单拿出来核对，果真发现有一户没给，那家把钱补上后再去制钟，结果就成了。”[①]

① 访谈对象：王树清；访谈地点：老庙子门口；访谈时间：2019年3月6日。

三 博物馆

GVER-VA BAEN-NEI KVOUS

孟子成是休溪村的文化人，也是非遗传承人，至今已搜集藏品30多年。源于对民族文化的热爱，他执着地四处搜集羌族的物品达千件，包括生产生活、民间信仰等类别用品，还收藏物品制作材料，且能缝制衣物、制作羊皮鼓等。2009年，他利用自己的家建立了一座私人博物馆，后经朋友策划，博物馆取名“孟子成羌民俗博物馆”，免费对外开放。

羊皮鼓　银福忠 / 摄

孟子成制作的一面羊皮鼓，记载了博物馆的来历：

二〇一四年初夏，偶然走进孟子成大爷的家，就被琳琅满目的羌族民俗物品深深吸引住了。这些物品有的是祖传的，有的是适时收藏的，但更多的是孟子成大爷亲手制作的。当我们认真欣赏孟子成大爷的每一件物品后，眼前突然出现了一个自学成才、多才多艺的羌族老人。这个老人他会打铁，他会雕刻神杖，他会编织草鞋和背篼，他会制作口弦和羊皮鼓，还会表演羌族释比舞蹈……透过这些作品，我们不仅可以聆听羌山远古的回音，还能唤醒一个古老民族的记忆。当这些传统的民俗物品离我们越来越远的时候，孟大爷说：他要为羌族，为休溪，为他的儿孙们留下些什么……为了实现孟子成大爷的梦想，我们策划，并帮助孟子成大爷建了这个简易的羌民俗博物馆。欢迎您参观。

策划摄影　余永清　刘安贵　田真

二〇一四年岁末

从博物馆的简介可以看到，孟子成是一个热心收藏羌族民俗物品的爱好者，也是心灵手巧的手工艺人，掌握了广博的地方知识。访者被他的那份热爱与执着所感动，才有了帮助他做得更好的念头并建立起民间博物馆，使之成为了解休溪乃至蒲溪地方文化的一个窗口。

博物馆部分收藏品　银福忠 / 摄

孟子成羌民俗博物馆部分藏品简要介绍：

女式丝质长衫“搓册别”（cuoceabbiea）　孟子成家传物品，双层缝制，里衬全棉，外层为蓝色暗花丝绸“麻子朵”（mazzidduo），领口、斜襟、下摆开衩处均有绣饰。

女式棉质长衫“子珠麦朴”（zizumei pu）　孟子成家传五六代物品，单层缝制，款式简洁大方，绣饰较少。

女式丝质长衫　耿静 / 摄

女式棉质长衫　耿静 / 摄

火药别别“卡别”（kabiea）　原为男子佩带，用牛角制作而成，用来装火药，现主要用于装饰，突显男子威武气概。

火药别别　耿静 / 摄

火药臼　耿静 / 摄

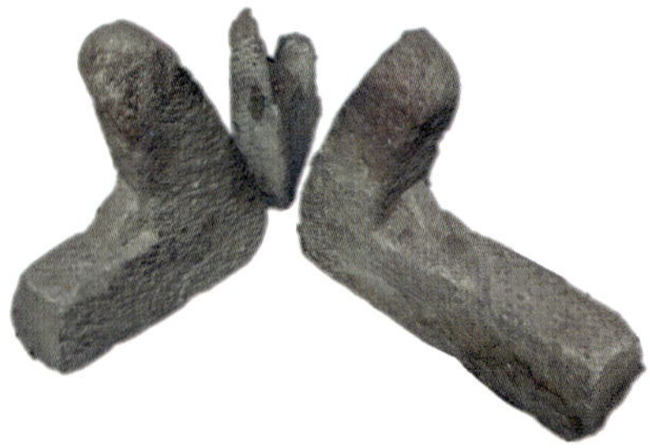

三足石　耿静 / 摄

火药臼“米瑟粗粗库”（museacucu ku）　为过去制作火药的工具，以石头为臼，杵杆两端分别用木头和石头制作。

三足石“泽德”（zzeddei）　用石头打制，是最原始的三脚架，做饭时用来放置炊具。

筷子箩　耿静 / 摄

筷子箩“卢卡”（luka）　用竹篾编制而成，是放置筷子的器具。

第五章

DIWUZHANG

平淡的日常生活

SSEAZEA GUOTA

一 农业活动

DHEBU BUS

（一）采集与狩猎

理县森林资源丰富。从20世纪50年代起，相关部门多次开展资源调查，将全县分为“西部水源、用材林区”“东北部防护、用材林区”和“东南部水土保持、经济林区”三个类型区，休溪村所在的蒲溪乡被划入第三类林区。其特点为林业资源可及度低，是全县活立木蓄积量最少的区域，林木分布在偏远深沟及高海拔地带。

过去，深居于高半山的休溪、大蒲溪等寨群众，常年针对丰富的菌类资源、中药材资源及野生动物资源，开展采集与狩猎活动，作为食物获取的重要补充。

野果 银福忠 / 摄

采集 这是居住在高山深谷中的羌族人民重要的谋生手段之一。通过长期的生产生活实践，人们熟知居住地的自然环境及动植物资源的生长规律，掌握了从中采摘和收集之道，通过加工、贮存等方式，填补物质资料的匮乏，满足家庭生活的需要。当地常见的菌类如羊肚菌、松茸、青杠菌，药材如羌活、贝母、桔梗、大黄等。

狩猎 上山狩猎活动一般由猎人完成。上山前，他们先要制作几天的干粮，准备狩猎工具，如火药枪、套索、砍刀和兽皮弹药袋“盖尔答”（ggaierta，用来存放火药、火绳等物），也有的猎人把火药装在牛角制成的火药别别中，系于腰间。还要打卦问山、祭祀猎神“混牟策”（vunmeuce，以树杈为象征，又称“杈杈神”）。之后，他们才上山到野兽时常出没之地，通过布索子、挖陷阱、设围圈、放弩刀、燃烟熏、放狗撵、射箭等多种方式捕猎。一旦有所收获，猎人们都要给猎神上香、挂红，并放炮、敬献公鸡和刀头等，寓意感谢其赐予猎物，兑现诺言，祈求神灵保佑。

流传于民间的《打猎歌》[①]唱道：

我生来就是打猎的，
我不是吃人奶而是吃狗奶长大的。
我满了三个月学狗坐的姿势，
满了七个月生了一对门牙，
上十二岁时做梦也梦见打猎，
上十七八岁时就上山打猎。
我家房后边有三块麦地，
我都不要；
房前边有三块水田，
我还是不要。
屋里靠神位墙上挂有一只乌亮的火枪，
我见了心里实在喜爱它。

① 1986年5月记录于休溪村，王明志演唱。载冯骥才. 羌族口头遗产集成：民间歌谣卷［M］. 北京：中国文联出版社，2009：332.

看见圈里的狗爪爪白得可爱，
我把中午要吃的八层馍馍[1]给狗吃，
自己却空着肚子。

我打猎没有帽子戴，
就把羊毛毡顶在头上。
到了房后头叫了三声狗，
到了深山老林很想爸爸，
进山谷时想念妈妈。

对猎物，猎人们遵从“上山打猎，见者有份”的分配习俗。除了分食部分，剩下的部分，诸如猎物毛皮、麝香、熊胆、熊掌、豹骨、猴骨等皆可拿到市场上出售，所得的钱款也由猎人们均分，以买回各自家中所需的生产生活物资。20世纪中期，为保护自然生态，开展禁猎行动，休溪村的狩猎活动随之消失。

（二）农耕生产

在20世纪80年代的农业资源调查中，理县根据各地的自然环境、经济水平、技术条件等因素，进行了综合农业区划分。蒲溪乡休溪村被划为西部中高山林畜药区，其余几个村落则被划入半山花椒牛粮矿亚区。

蒲溪乡有耕地155.67公顷，林地3988.68公顷。土地顺山势而散布，以梯地为主。其中，休溪村有耕地358亩，人均占有耕地0.8亩左右，农业生产基本为自然经济模式，延续着农耕文明，四处保留着农人们勤劳耕耘的烙印。在层层台地上，土地贫瘠，80%的耕地坡度在30度以上，种植结构单一。以前主要出产青稞、荞麦、燕麦。近代以来，主要种植玉米、土豆等粮食作

① 八层馍馍：指麦面馍馍，压叠八次做成。

高山台地　银福忠／摄

春苗　银福忠／摄

物，还种植有青椒、大白菜、豌豆、洋葱、花椒、核桃、苹果等。蒲溪乡曾是理县乡镇中唯一的州定贫困乡，其中，休溪村整体经济水平落后，处于自然经济状态。

休溪村村民一年的劳动安排大致如下：

休溪村村民一年劳作安排表

农历时间	劳动内容	备注
头年十二月—一月	杀年猪，制作猪膘肉，准备过年	农闲时间
二月—三月	打土饼，耕地，播种，采摘羊肚菌	二月初二开始劳作
四月—七月	施肥，锄草，挖洋芋，上山采药，采摘松茸等	
八月—九月	收获大白菜、莲花白和辣椒，挖羌活、贝母、桔梗和大黄，采摘羊肚菌、青杠菌等	
九月—十月	上山找柴，收获青脆李、玉米、红脆李	
十一月—十二月	外出打工	农闲时间

每到农历二月，人们便开始打土饼[①]，为春耕生产做准备，吆喝着耕牛，唱起了《耖犁歌》[②]。歌中唱道：

啊啦嗨，啊啦嗨，
牛王爷赐了牛给我，
我聂比娃有了好帮手。

啊啦嗨，啊啦嗨，
花椒树儿做犁头，

① 打土饼：又称“打土块”。春耕之前，人们将冻土用锄翻出，打碎土块，细化土壤，利于播种。

② 冯骥才.羌族口头遗产集成：神话传说卷［M］.北京：中国文联出版社，2009：31.

犁头弯弯翻土黑油油；
桦木树儿做犁杆，
牛儿拉犁不回头；
杨柳树儿做枷担，
又轻又绵不用愁；
八月瓜藤做犁扣，
嘎吱嘎吱牛加油。

啊啦嗨，啊啦嗨，
一犁胜过一千钩（锄）。
牛儿哟，快快拉，
感谢牛王爷莫停留！

啊啦嗨，啊啦嗨，
年年到了十月一，
我聂比娃敬你牛王爷。

1983年，理县农村开始实行包产到户的生产责任制，让村民拥有了土地的经营权，极大地提高了他们的生产积极性。

根据当地的自然条件，休溪等地适宜发展苹果、花椒及干果核桃等经济林木种植。但从1990年蒲溪乡经济林木统计数据可见，当时的经济林木种植规模并不大，且大多为零星种植，集中于河坝地区。

碉房背后的山林　银福忠 / 摄

蒲溪乡1990年水果及干果株数统计表[①]

单位：株

项目 单位	核桃	苹果	梨子	桃李	石榴	花红	合计
蒲溪乡	1142	6275	11	6	22	27	7483

2000年，退耕还林工程在蒲溪乡开始实施。次年实施天保工程，高山上重点种植了岷江柏、侧柏和油松，促使植被资源得到修复与改善，解放了劳动力。其间，在河坝村和休溪坪之间，修筑休溪村机耕道及三座钢筋混凝土桥，全长8.5公里。就村民而言，交通逐渐畅通，他们与外界的交流机会增多了。

2001年，包括休溪村在内的五村完成了农网改造。2002年，通过实施新村扶贫计划，休溪村得到了9.7万元，用于改造道路和农户厨房。2002—2003年，国家先后取消特产税和农业税，农村经济发展增速明显。

2005年，蒲溪乡乡道全程4.5公里完成柏油路面铺设。全乡实现了村村通公路，村村通电，户户通水，农村总收入189万元，年人均纯收入1415.73元。其中，休溪村年人均纯收入1420元。

由于海拔较高，农业生产结构调整不大，种植作物以荞麦、玉米、土豆为主。一些农户开始种植大白菜等蔬菜，并以采摘食用菌作为生活资料补充。即便这样，每户人家的现金收入不高。逐渐地，人口多的家庭里，年轻人开始外出谋生，他们到理县县城，及汶川、茂县、成都等地，或打工，或做生意，家庭经济状况发生变化。

2007年，休溪村村民大多依靠种植玉米、土豆等传统作物获得收成，年人均纯收入1749元。

① 理县志编纂委员会.理县志［M］.成都：四川民族出版社，1997：416-419.

种植玉米　银福忠 / 摄

蜂箱　银福忠 / 摄

2010年，理县的桃坪镇、木卡乡、薛城镇开始推广种植红脆李。这些地方海拔1400—2400米，土质及气候条件好，非常适合种植红脆李，果实成熟后可与其他地方产的错峰销售，能取得良好的经济效益。而在休溪，有的村民于2011年试种甜玉米获得成功，有的村民开始大量种植四季豆、当归、青脆李、茶树，还有的规模化养殖散养鸡，村民家庭收入有所提升，全村年人均纯收入近5000元。

红脆李　银福忠 / 摄

2017年，休溪村村民依照其他地区的种植经验，开始尝试种植红脆李，在政府牵头下，由政府统一购苗，再向村民按每株20元的价格出售，42户人家种植红脆李约6000株。这样，通过种植蔬菜水果、养鸡及外出务工，村民家庭收入进一步提高，全村购买了小汽车10多台，年人均纯收入达到9800元，与十年前相比，增长了近六倍。

2018年，蒲溪乡实现农村经济总收入1942.40万元，年人均收入达到11809元。一个生产发展、生活富裕、村风文明、村容整洁、管理民主的社会主义新农村正逐步展现在世人面前。

二 服饰文化

GUS COCEI BUS

休溪村村民的服饰样式古朴自然，十分独特，整体风格素雅。“理县普溪沟羌族用麻织布，为主要衣料，取其坚牢，上山砍柴做活耐磨损。除大麻外，尚种少量‘黄麻’织成细麻布。”[①]

头帕（gvssu）　为黑色或黑白混色的棉布头帕。头帕宽20厘米左右，长2米，无须锁边。女性在婚后缠黑色头帕，头帕的两端用彩线绣有两三排纹饰。先将头帕正中沿着前额缠绕，约两圈之后交叉后再缠绕至耳上，再将头帕两端彩饰露出于头顶两侧，似牛角，被称为“牛角花”或“牛角帕”。男子将黑白两条头帕先折叠再缠绕于头顶，形成黑白相间的头帕造型。

道士帽（zebieadala）　为常见的儿童头饰，样式上不分男女，棉布材质。正面中部饰以一枚银制狮头像，从左到右贴“长命富贵”银饰，左上方系一束土狗尾巴，右上方系土狗的爪子，据说可起避邪的作用。顶部饰以毛线绣花，四周以红色珠子点缀。侧面略长，象征狮子耳朵，起保暖作用，俗以为还可镇邪。后面用三组云云纹点缀，上方有五组花纹，并系有两个铃铛。这些饰物表达出对幼儿健康成长的祈望。

长衫（pudhei）传统长衫质地以麻布为主，因厚实耐用而流行至今。近代以来，也有略为富裕的人家制作棉布或丝绸质地的长衫。20世纪50年

① 西南民族学院民族研究所. 羌族调查材料［R］. 内部印刷，1984：54.

道士帽　耿静 / 摄

代，棉布质地长衫流行，主要是以黑色为底色的小领右斜襟长衫。其板型呈A形，宽松及膝，两侧开衩，前襟、袖口及下摆的边缘绣有花纹，以贴花为主。此贴花也称“补绣”，以彩色布片剪出云朵、蝴蝶、花卉、几何等图案，经过精心布局，用针线缝在装饰位置。

坎肩（guagua）　在长衫之外，休溪男女都会穿一件棉布材质的坎肩，起御寒保暖的作用，多为黑色。女式坎肩镶有大量绲边或云云纹绣花图案，男式坎肩一般无装饰花纹，有三组盘扣，分两对一组或三对一组。

羊皮褂子（padha）　在劳动之时，人们会穿一件羊皮褂子。羊皮褂子能防雨防寒防晒，还可做负重时的垫布。羊皮褂子用羊皮制成，无领，无扣，边缘处外露羊毛。

女士坎肩　耿静／摄

羊皮褂子　耿静／摄

围腰（pazi）　休溪女子会系半襟围腰，与长衫相配。围腰长及膝部，以黑布为底，由四方布与边带拼接而成。边带系于腰间。四方布上装饰纹样常用云纹、尖尖花纹、牙签花纹、蝴蝶花纹、锯子花纹等，多采用补绣方式缝在底布上。

长裤（rraesde）　以麻布制作，多为青色或黑色的宽松过膝直裆长裤，冬天将裤脚扎入绑腿中。

绑腿（xxuiddei）　麻布或羊毛制作的绑腿用于缠绕小腿，主要用来御寒、防刺扎、防虫咬，一般2米长，约17厘米宽，成卷收纳。其中，女式绑腿长于男式。随着社会的发展，年轻人很少使用绑腿，只有中老年人保留此习惯。有的人还喜用毪子织成的绑腿，认为暖和；也有的人用棉布制作绑腿，觉得轻巧。

尖尖鞋（daejiea）　休溪女子穿麻布或棉布制作的绣花尖尖鞋。按照当地习俗，女孩子在10岁以后会得到长辈的指点，开始学做鞋，在出嫁前，就娴熟掌握编织及刺绣技艺，可信手制作绣花尖尖鞋达百双，结婚时，会将这些鞋背到婆家，以示她心灵手巧、勤劳能干。她们日常穿绣花尖尖鞋。另有素色尖尖鞋，主要在办丧事时穿。

云云鞋（bobovei daejea） 休溪男子穿的云云鞋也颇有特色。鞋面采用黑色或白色面料制作，鞋尖和后跟部位用獐子皮，黑白搭配，颜色素雅，部分鞋的鞋面用云纹装饰，云纹自脚后跟沿着鞋沿两侧向脚尖对称排布，鞋尖正中有“梁”，约1厘米高。男子在庆祝节日、参加婚礼等重大活动时穿云云鞋，以突显出阳刚之美。

休溪村村民的配饰种类丰富，包括针线盒、鼓肚子、火镰等。这些配饰有的是家中祖辈传下来的，有的是外地银匠到寨子里，由家里提供银子，请其打制而成，还有的是从外地购买。

针线盒（veivovo） 羌语之意“放针的地方”。由女性系于腰间，形制各异。

鼓肚子（baenduze） 是男子常用的配饰。系于腰间，略呈三角形，内里分隔，可分别放置烟叶、烟袋、棉花草、白石、钱等。

采麻—绩麻—织麻　银福忠 / 摄

以前，鼓肚子以獐子皮、麂子皮制作。20世纪80年代后，改用布料制作。

火镰（xirrmei） 可防水防潮，为男子上山必带之物，也有装饰的作用。男孩在14或15岁时，随父母上山打猎或砍柴，开始学用火镰。使用时，将火镰与白石相互摩擦，点燃棉花草来生火。

三 特色饮食

ZZEASAE BUS

休溪村位于高半山地带，村民依靠大自然赋予的资源，凭借勤劳的双手，在高山台地上耕种青稞、荞麦、小麦、玉米和土豆等粮食作物，圆根、大白菜、莲花白、白瓜及豆类等蔬菜，在林间狩猎、采摘菌子和野果，饲养猪牛，制作出了颇具特色的传统食物。

搅团（daebi） 以玉米粉或荞麦粉制作。锅中水烧开后，一手均匀撒入玉米粉，一手用筷子不停搅拌，使之快速混合成糊状，煮熟后盛入碗中，再依个人喜好，加入酸菜、肉末、葱花、姜末、蒜末、花椒粉、盐、酱油等配料即可，味道鲜美。

面蒸蒸（zhenzhenfaen） 将水加入适量玉米粉中，拌和为颗粒状，再用甑子蒸熟。若加入六成熟的米饭一起蒸，按比例的不同，可谓“金裹银”或“银裹金”。

锅塌子（gotaen ze） 又叫“锅盔”，由玉米粉制作而成。将玉米粉加冷水搅拌，拌好后用手压成饼状放入铁锅里，蒸熟即可。也可将玉米粉用开水烫拌后捏成饼状，放入柴灰中，经反复翻烧，最后取出拍掉灰后食用，即所谓“三吹三打”。

切切卡勒（qieqie kvaelea） 由小麦粉制作而成，外形呈圆形，用于婚礼及节日庆典，在走亲戚时也作为礼物送给长辈。

毕哟卡勒（bbilio kvaelea） 即碉楼馍馍。用小麦粉制作而成，用作订婚、结婚、庆祝节日时的祭祀品。整体形状呈长方形，其中一端被压成三个或五个长角，馍上饰以花纹，寓意祈愿吉祥。

伙退卡勒（hutui kvaelea） 用小麦粉制作而成，形似饺子。用于红白喜事，一人一个。

切切卡勒、毕哟卡勒、伙退卡勒 耿静 / 摄

腊猪肉（kueabba） 每年农历冬月和腊月是羌族人民的农闲时节。自霜降开始，气温变冷，到了“杀年猪”的时候，预示着新的一年即将来临。家家户户要杀两三头猪，大家相互帮忙，热闹一番，接着腌制腊猪肉，再将腊猪肉和油饼存放起来，作为来年自家做菜用的原材料及待客、送人的礼物。制作方法：先杀猪，经烟毛、清洗、剖肚、去内脏、剔骨、切猪头与四只脚，从猪颈往下纵剖为三块，即所谓“背柳”和两片“扇子”，上面抹盐，重叠堆放腌制数天，再用绳子拴着吊到储藏室或火塘上方自然风干，也有的人家会点燃柏枝用烟熏。腌制的品种有腊香肠、腊猪膘、腊猪头、腊猪蹄、腊排骨、腊猪肚等。这些腊猪肉风味独特，深受羌族群众喜爱。2008年汶川特大地震后，休溪村村民住上了灾后重建房，较传统住房，缺失了火塘，腊猪肉制作流程也就少了烟熏的环节，口感不如以往。

九大碗（rrgguvvu） 在举办喜事的时候制作，视家庭经济情况决定菜品内容。如果家庭经济情况较好，规格是四碗坨坨肉、三碗豆腐加瘦肉、两碗海带皮（或粉条、笋子、木耳）和切切卡勒。如果家庭经济情况一般，规格是三碗坨坨肉、两碗红花木耳、一碗粉蒸肉、两碗粉条和切切卡勒。如果家庭经济状况较差，两碗肉和切切卡勒是必备的，其他的菜品可以自行调整。

腊肉、香肠是待客用餐必备品 耿静 / 摄

红锅（vong–goze） 即传统铜火锅。采用本地特产制作。第一层放圆根片，第二层放豆腐，第三层放瘦肉，第四层放五花肉，第五层放菌子或粉条。众人围坐在锅的周围而食。

拌核桃须（vaenteuxiuxiu） 核桃须深受羌族人民喜爱。每年农历四五月，人们捡回核桃须，将其晒干后存放在干燥处。食用前，先用热水泡涨，再清洗干净，之后加热菜籽油、酱油、盐、蒜末、葱花、辣椒粉相拌即可。

酸菜（geusu） 圆根（rrggujea）是当地种植历史较长的蔬菜品种，制作成耐贮藏的酸菜是最为常见的做法。制作方法：将圆根洗净，晒干，用沸水焯掉苦味，拌入少许玉米粉，叠放于缸中，用石块压紧，放置几日后即成酸菜。高山村寨的羌族人家一般都会将酸菜作为家中常备品，可以用来烧汤，作为搅团佐料，还可煎炒。也可将圆根洗净、切片，与叶子一起晒干，然后存放到干燥通风的地方，一旦需要，取一些放入汤（火锅）中煮熟即可食用。

休溪周边植被茂密，有丰富的菌类资源，人们将其采摘回来，制作为各种美食。不同的季节采摘不同的菌子，如在清明节后，村民上山采羊肚菌，端午节后采香菌、松茸，农历六月采腊腊菌、杉木菌，农历八月采八月菌等。采摘回来后，将菌子晒干，放置于干燥通风处，避免生虫。烹饪前，先用水泡半天，再煮熟。烹饪时，不能放花椒，可单独炒，也可和肉一起炒。

拌腊腊菌　银福忠 / 摄

此外，居住在高山的羌族人家能制作咂酒和烤酒，在节日庆典等重大活动中，用酒来表达对长者、来宾、朋友的敬意。

咂酒（rrgguqea）　由羌族人家中的女性制作。将玉米粒、青稞粒、小麦粒煮熟，晾于簸箕内，待温度下降后加入酒曲，放在一大锅内，盖上麦草和被褥，发酵一至两天，再放入坛子里，封口保存半个月或者一个月即成。一般在重阳节酿制的咂酒口感最佳。饮用时，插入饮酒杆数支，在长者念诵开坛词后，众人依次吸饮，边饮边加入凉白开，酒味由浓变淡。

烤酒（koqea）　将玉米粒磨成粉，加水搅匀，放入密封性较好的瓶子里，在锅里蒸四五个小时，取下放凉。待温度下降至37摄氏度左右，放入酒

饮咂酒　银福忠 / 摄

曲，搅拌均匀后密闭放置近一天。再往里加入少许红糟和酒曲，发酵七天。最后，用猛火进行蒸馏操作，玉米烤酒即成。在休溪村，自制烤酒的人家不多，人们往往从理县县城或其他乡镇烤酒制作者处购得。

四 出行和运输

VAEGE WUDA BUS

薛城一带早有古道——威桑驿道。在公元30年前后，东汉光武帝修筑威州至马塘道路。据隋碑《通道记》记载，隋开皇九年（589年）修复此道。该道作为主要道路，将汶川与理县沱水（今杂谷脑河）一带联系起来，直至民国时期，一直被沿线居民使用。

在当地老人的记忆中，祖辈曾沿着茶马古道行走，这条道路蜿蜒崎岖，经过休溪村附近，翻山越岭至胆扎木沟，再到杂谷脑，经马塘到其他更远的地方。而休溪到薛城的道路，最早是沿着山边和河谷走的路。从休溪出发到下寨，经过“伴度布瑟”（bandubus），沿着河边走小路，经“河瑟瑟然倍”（vsherraebei）、“千思度思巴达”（qeashdus-bada）、“够见左思巴”（geujaedhosba）几个地方到三道桥，这里是岔道口，可以通往小火地，顺着河，可达河坝村、蒲溪沟

蜿蜒山路　银福忠 / 摄

口，再继续往前走，可到薛城或理县县城。

1953年，理县开始修建公路。国道成阿公路起于成都西门，经郫县（今郫都区）、灌县（今都江堰市）、汶川县、理县、红原县，止于阿坝县。沿途经过峡谷，谷中河水湍急，两侧峭壁岩体不稳，修建难度极大。修到理县蒲溪沟口段时，“当时的蒲溪公社从每个村寨都抽调了村民去支援道路的修建，村民们被编入不同的中队，每天按八斤米的标准对村民进行补贴”。“路沿着杂谷脑河修，危险得很，一不注意就要梭（滑）进河里。原来我们懂不起，像通化、汶川那些地方的话跟我们不通，结果那些外头进来修路的解放军说我们这一截的人都是羌族，还说我们都是中华民族。修路之前我们蒲溪沟出去的人少，没有汶川那截的人出去的多，听出去的人说走路到都江堰去要走好几天，路也不好。公路修好之后坐车才跑得快，一天就到都江堰了。但路刚修好没有什么车在路上跑，更别说客车了，70年代才开始有客车的。”[①]

经过多年奋战，1955年11月成阿公路理县境内通车，成为理县通往各地的主要通道。1979年，阿坝州交通局拨款9万元修薛蒲公路（薛城—蒲溪）。该路于1984年建成，由于坡度在14%—16%之间，不能通车辆，在次年改建，才达到四级公路标准，全长6公里。从此，在成阿公路186.3公里处可进入蒲溪沟到乡政府驻地。[②]随后，各乡开始修筑机耕道。20世纪70年代，休溪开始修路，可直达休溪坪，但路面狭窄。1990年，蒲溪乡的机耕道长约3公里，供拖拉机、人、畜及微型货车通行。

河坝村是通往蒲溪乡各村的重要节点，分四路可到奎寨、色尔、蒲溪和休溪。小火地村由于地处最偏僻地方，土地贫瘠，交通极为不便，在20世纪90年代村民整体搬迁离开，从此再无人烟。

---

① 方甜.借路上山的发展：高山羌寨的民族志考察［J］.阿坝师范学院学报，2021（4）.

② 理县志编纂委员会.理县志［M］.成都：四川民族出版社，1997：460-461.

出村公路　银福忠 / 摄

随着社会的发展，蒲溪沟内的村民开始有了外出赚钱的念头，期望通过自己勤劳的双手来改善家庭生活。陆续地，开始有村民在沟口搭车外出务工，他们或沿着成阿公路到成都方向的汶川、都江堰、成都打工，或往理县县城方向，到理县其他乡镇及马尔康、壤塘等地，利用砌筑房屋技艺换来收入。

2000年以后，蒲溪乡部分机耕道完成了路面硬化。2008年，地震造成道路毁损严重，交通难、行路难成为制约当地经济发展的瓶颈。灾后重建中，负责对口援建的湖南省投资400万元完成10公里蒲溪乡道的沥青铺设，随后又投资170万元完成休溪村2.4公里的水泥路建设。自此，休溪村开启了公路新时代，[①]休溪村内道路较为通畅，主要为青石板或碎石铺设。

① 理县志编纂委员会. 理县2008年统计年鉴［M］. 成都：四川民族出版社，2009：85.

通往休溪的村道　银福忠 / 摄

2010年重新修建道路后，休溪通往外界的交通条件得到较大改善。从休溪到邻近的薛城镇仅需半个小时，到理县县城用时不到一个小时，村民外出极为方便。只是由于在深山峡谷间，盘山公路作为对外沟通的主要道路，每逢雨季，道路两旁山体时有垮塌，易造成交通堵塞。

2015年5月开工建设的汶马高速公路，起于汶川县城，途经理县桃坪镇、薛城镇、杂谷脑镇、古尔沟镇、米亚罗镇等地到马尔康市，全长170公里，采用双向四车道高速公路标准建设，于2020年12月31日全线通车。蒲溪乡的民众行车到桃坪镇入口即可进入高速公路，两个小时便能到达省会成都。汶马高速公路实现了村寨到都市的快速连接，促进了沿线各族群众在社会经济文化诸多方面的交流。

汶马高速公路　银福忠 / 摄

第六章

D I L I U Z H A N G

回响的羊皮鼓声

RBBOU-HRRE DDAERREI

一 传说故事

ZEGVER-VA DAESBI

（一）木姐珠与斗安珠

《木姐珠与斗安珠》是羌族神话叙事长诗，羌族重要的口头文学之一，为释比世代传诵的经典。讲述了天神阿爸木比塔（aba-mubi）的三女儿美丽、聪慧的木姐珠（muji）与勤劳、善良的凡间青年斗安珠（hhjjieabivvua）不畏艰难，相爱成亲，繁衍后代的故事。情节可分为《倔

释比诵经　耿静 / 摄

强公主》《牧羊少年》《龙池巧遇》《赠发定情》《大胆求婚》《三破难题》《火后余生》《再次求婚》《险遭毒计》《创造幸福》十个部分，歌颂了羌族人民的勤劳和智慧，反映了人们不畏神权，追求自由婚姻的美好愿望。迄今，木姐珠与斗安珠被羌族人民尊为始祖，他们的故事广泛流传于羌族聚居区，每逢祭祀大典、婚庆喜事，必由释比唱诵，在羌族人民的日常生活中发挥着教化、娱乐的作用。

（二）白石的传说

在羌族社会，白石（hhloprrei）被认为是各种神灵驻足人间的居所，具有崇高的神性。这与流传民间的英雄史诗《羌戈大战》有关。传说羌族的先祖古羌人从北向南迁徙，来到了岷山一带，遭到居住在这里的戈基人抵抗与反击。古羌人的九个支系被冲得七零八落，在寡不敌众的情况下，节节败退。天神阿爸木比塔见状，从空中抛下三块白石，白石立马变成了雪山，帮助古羌人阻挡了追兵，使之得以脱险。在阿爸木比塔的指引下，古羌人来到热兹大草原，在岷山中重建家园。几年之后，戈基人再犯，天神给古羌人白石、藤条做武器，给戈基人白雪团和麻秆做武器，结果古羌人取得了胜利，得以安居乐业。为感恩天神的帮助，古羌人以白石献祭。由此，在羌族人民心中，白石被赋予神性，代表了诸多神灵，最大者代表天神阿爸木比塔。

在碉房顶供奉的白石　银福忠 / 摄

（三）羊皮鼓的传说

相传释比最早从天神那里领有经书。在归途中过溜索时，经书掉入河中，释比沿着河边追，却只找回了一本，遂放在石头上晾晒。疲惫不已的释比守在一旁很快睡着了，一只白羊趁机吃掉了经书。释比一觉醒来，不见经书，寻找无果，气愤之余吃掉了剩下的一张小纸片。到了夜间，他梦到白胡子老人告诉他，只要把吃经书的白羊杀掉，用竹篾编一个甑子大小的框框，再把羊皮绷在竹框上，做成羊皮鼓，敲一下鼓，就会记起经文，并告诉他靠口传心记这种方式，就可以把经文一代代传下去。于是，释比照着做了羊皮鼓。从此，依靠羊皮鼓，释比唱经才传承了下来。

（四）太阳和月亮的故事

传说太阳是妹妹，月亮是哥哥。太阳妹妹没裤子穿而怕羞，月亮哥哥是有裤子的。太阳妹妹一直挂在空中，大地炙热，万物不生。有一天，月亮哥哥找到太阳妹妹商量："你没有裤子穿，我有。你不间断地悬挂在空中很累，从现在起你就白天在空中，晚上我来。"这样，太阳与月亮轮换，世间万物开始快乐生长。太阳妹妹出门时在兜里揣上七颗针，如果有人偷看，她就拿出七颗针来射花人的眼睛。月亮哥哥晚上出来，他的眼睛很亮，能看到大地。相传每当清晨来临，远处金光闪出并逐渐明亮起来，天慢慢透亮透亮的，远处的山变白了，天上的释比就从雪隆包的天梯上下来。近处的山变绿了，绿得透透的。太阳光照进了寨子，照到了房背，透过窗户的一缕阳光照进了房间，昏暗的屋子里闪出一点亮光。太阳光慢慢往下移，照亮了屋里最美的神龛。①

① 故事流传于休溪一带。讲述人：王小刚；采录人：韩龙康。转引自《理县剪纸》编写组. 理县剪纸［M］. 成都：四川民族出版社，2021：92.

二 神性空间

VSEISSE SSUEABEA

休溪村村民信仰万物有灵，拜天神、山神、家神、羊神等。神性空间可以分为公共空间与私人空间。前者包括神山、神林、龙嘴、老庙子和释比广场；后者则是各家大门附近的石敢当和三元堂，及家中的中心柱、神龛、火塘、灶房、龙嘴等。

（一）公共空间

神山（vseivsu） 传统的羌族祭神仪式中，以祭天最为隆重，雪隆包为羌人心目中最大的神山。从释比念诵的经文中，可以清晰地知道他念诵的神灵神位顺序。[①]

前五寨神灵神位：

雪隆包神位（prreiwu yuleuvsei）

尽头寨神位（baehhliea jingvsei）

大寒寨神位（jjiyueavvuabo jingduvsei）

大蒲溪神位（bbaelu aebbujingduvsei）

休溪神位（hlhouji baengteugan jjeuvsei）

奎寨神位（ggui yibigoga nyeuvsei）

---

① 访谈对象：孟子成；访谈地点：孟子成家；访谈时间：2019年3月12日。

神山　银福忠 / 摄

色尔神位（hleussu rrayeuvsei）

老瓦寨神位（nengavei rreapoxovsei）

河坝神位（rrapi ovsei）

河谷神位（kvuada zebivsei）

后五寨神灵及其他神灵神位：

大歧神位（ggeadae neadaxmieabivsei）

箭山神位（zeijji gurrysei）

马山神位（meashdae lindavsei）

薛城神位（beze deuzivsei）

威州神位（kvoucui vvuibaevsei）

尤溪神位（ieuxi geabavsei)

灌县神位（rrddagvo erlangvsei）

成都神位（xxjjeada weivuvusei）

甘堡神位（gangpo leamu ）

熊耳神位（xionger guduvsei）

危关神位（weigan yeuvsei）

胆扎木沟神位（daezheimei kuabbarravsei）

杂谷脑神位（dheaxeali eazikuvsei）

按释比的说法，山神是相通的，不仅是羌族神灵，而且邻近的藏族神灵，只要一起呼喊，就会让神山产生灵气。在笔者看来，无论何人以何种语言称呼神灵，无疑传递出人与自然是一个整体系统的认识。

通常，人们举行祭祀会选择在与所谓神山相对的地方。在那里，有祭祀神林，修筑有祭祀塔。

神林（vseipa） 亦谓神树林。据称乃山神居所，其位置高于民居，对从事农耕的民族而言，具有非常重要的意义。神林里往往植被良好，郁郁葱葱，常有百年古树，人们不能砍树、捡拾干柴和枯叶，从而实现了林地资源永续利用，土地资源有好的收成。村民对此深信不疑，认为若冒犯了神林，会遭到山神的惩罚。休溪村村民心目中的神林位于下寨东北方向，曾与上寨东边的山林相连，村民经过时常会自发清理林中秽物，使之地面干净。胡鉴民先生在1937年的调研报告中记载，“蒲溪十寨的羌民竟放弃其在神林还愿的古老习惯而改在汉化的九龙寺还愿，寺内有山王、牛王、川祖、地母神像，而不复有白石”[①]。这说明，羌族的民间信仰在与其他民族交往交流中不断发生着变化，具有兼容复合型特征。20世纪50年代末，为了修建学校和晒坝，神林被砍伐了约20亩，但休溪村村民始终对此地十分敬畏，不敢在此垦地，直至砍伐地再度成为林地。

在当地人的观念中，杉树“播”（bo）是神树，作为人与天地沟通的桥梁，只有将杉树插下，才能通天，人们的愿望才能被送达天上。同样的，释比敲击羊皮鼓，必须要全身心投入唱诵，才能将虔诚之心传递给神灵，进而感动神灵，所有好事才会降临。

---

① 李绍明，程贤敏. 西南民族研究论文选［M］. 成都：四川大学出版社，1991：212.

祭祀活动　银福忠 / 摄

龙嘴（jigea）　即祭祀塔，音译为“祭格”或“纳萨”，其意“可以理解为‘最好的、突出的、至高无上的地方’”[①]。释比与普通民众一般在公共祭祀塔这里举行隆重的祭祀仪式。在休溪的公共场所，龙嘴主要有三处。其一，在寨子上方被称为“帕思祖思”（pasizusi）的地方。每逢央儒节，村民随同释比围绕村寨走一圈后沿着山路到此祭祀塔旁举行敬神仪式，释比及助手将茅草人扔下万丈悬崖，寓意野猪、老熊等动物不要糟蹋土地，以护佑村寨庄稼丰收，人畜平安。其二，在村寨上方休溪坪。此祭祀塔正面对着“神山”，人们常在此祭祀，并举办盛大的欢庆活动。其三，2008年“5·12”汶川特大地震后，新建的释比广场修筑了一个公共祭祀塔。

老庙子（vseiji）　又称“瑟基”，位置在瓦吉热（vvuajirr）。据村中老人回忆，老庙子很大，内里原有大小不一约20尊观音菩萨、牛王菩萨等的木质雕像，特别是牛王菩萨造像是骑牛菩萨形象。20世纪60年代，为破除封建迷信，

① 陈兴龙. 羌族释比文化研究［M］. 成都：四川民族出版社，2017：82.

老庙子 耿静 / 摄

老庙子里面的雕像被打烂推倒，房子改建为村上的小学校，并在旁边修有学生宿舍，一直沿用到20世纪80年代末。后村小搬迁至村委会活动室附近，该址废弃。2000年以后，个别村民自发在废弃处放置了观音像，逢农历二月十九日、六月十九日、九月十九日，一些老年人会前去烧香祭拜。2008年汶川特大地震中未损坏。

释比广场（sheig-gubbada） 为恢复蒲溪乡传统节日，2013年初由政府出资修建。在所谓神林与民居之间的空地上选址，由祭坛、碉楼、平坝三部分组成。祭坛用石块与泥土砌筑而成，下方有一个用于烧柏树枝、纸钱和插香蜡等祭品的凹槽，往上连有烟道。最上面是四方龙嘴，上置白石与杉树。

（二）私人空间

每户人家的祭祀空间主要体现在门口的石敢当与三元堂、房屋的中心柱、神龛、火塘、灶房、屋顶上的龙嘴等处。

石敢当（tunker） 安置于大门附近。用石条或木板制成，上面雕刻狮子头像，面目凶恶。人们认为其可起到辟邪保平安的作用。

石敢当　银福忠 / 摄

三元堂　耿静 / 摄

三元堂（mudajjo vsei）　设置在进门的右边，代表天、地、水，若一楼右边有厕所，则要避开，将三元堂设在左边，忌女性碰触。人们认为敬奉此神龛能治水和保平安。

神龛（vvo）　供奉着代表天地君亲师及祖先的牌位，每年春节，会换神衣祈福。

龙嘴（jigea）　在私人空间，每家每户房屋顶上都会有一个龙嘴。这是家庭重要祭祀场所，表达着家人对神灵的尊敬。龙嘴为土石或木石结构，朝向必须是东方。整体代表龙头，四角供

堂屋里的神龛　银福忠 / 摄

奉有白石，象征龙口，寓意分别镇压四方的妖魔鬼怪，保护一家人平安。背面镶有凸出墙面并凿有圆形孔洞的石板，用于插杉树枝，所插杉树枝需要在每年央儒节更换一次。顶部放置有白色石英石。“龙代表水，有龙则灵，祭龙就是为了求雨、保护全家安全。”[①]逢年过节、办大事时，人们要点燃柏枝用烟熏，上香，制作龙嘴馍馍，供奉咂酒，进行祭祀祈福活动，表达对神的尊敬。

房顶上的龙嘴　银福忠 / 摄

① 访谈对象：孟子成；访谈地点：孟子成家；访谈时间：2018年3月6日。

三 释比文化

SHEIGVU BUS

（一）释比及传承人

释比（sheigvu），在蒲溪一带被称为“释古”“诗谷”，尊称为“比”，意为“说唱吉祥好话的人”，有时也称“端公”，“‘舍姑’，菩萨、神的意思”[①]。近年来，在羌族地区统一称其为“释比”。他们是羌族传统文化的集大成者，是不脱离生产劳动，被认为能沟通神灵、自然，并在羌族社会倍受尊敬的人物。释比与群众的日常生活息息相关，无论婚丧嫁娶还是生老病死，人们都要请释比。

由于受交通条件的制约，蒲溪乡传统民间文化保存完好。20世纪60年代以来，这一带涌现了不少有名的释比。有研究者认为，蒲溪乡释比自成传承体系，有释比“王真元（1912—1992年）、王宝山（1929—1995年）、周润清（1936年生）、韩庭玉（1937—2006年）、王福山（1938年生）[②]、王定湘（1939年生）。这个体系保存上百部释比经典，保存了释比主持的多种仪式”。[③]

① 周文琴. 行游理县［M］. 成都：四川美术出版社，2006：53.

② 引文中，王福山出生时间与笔者调研所得信息有异，前者所言1938年，笔者调查为1942年。

③ 赵曦. 神圣与亲和：中国羌族释比文化调查研究［M］. 北京：民族出版社，2010：23.

根据笔者的调查，休溪村村民知晓的释比有王真元[①]（大蒲溪人）、王久清（大蒲溪人）、王定湘（王真元之子）、徐长海、王福山（休溪人）、周润清（大蒲溪人）、韩全保、王明宝、杨全生（三寨人）、孟子成（休溪人）、王小刚（休溪人）、王小勇（休溪人）等人。这些释比开展活动的范围并不局限于自己所在的村寨，他们在蒲溪沟一带，甚至在更远的地方知晓度高，被一致认可。兹举例如下：

王福山（1942—2021），休溪村人，从未读书，9岁开始做农活儿。14岁结婚，妻子是大蒲溪人。曾当休溪生产队队长。17岁师从岳父王真元学习释比文化，后跟随师傅外出，释比技艺逐渐掌握熟练。经过考验，顺利盖卦出师，师傅送给他一套工具，包括羊皮鼓、响盘等，表明他可以单独做法事了。1990年开始在各种场合展示释比文化。2002年乡村文化旅游节期间到松潘县黄龙景区表演。2008年“5·12”汶川特大地震后，为展示羌族文化，曾到马尔康、北川、成都、北京、兰州、银川等地，及韩国、日本等国表演。

王小刚（1988—），休溪村人，与王小勇为两兄弟，均为大专文化。他们从小接触释比文化，师从释比周润清，时常跟随师傅走村串寨，并耳濡目染地学会了相关技艺，能诵读部分释比唱经。他8岁时第一次到村民家中唱经，受到众人赞赏。“5·12”汶川特大地震以后，怀着传承民族文化的决心，从2009年开始学习舔铧头、喷油火、化骨吞签等释比技艺，成长为一名年轻的释比。此后，他常到景区展演。能歌善舞的他和兄弟一起被招到县歌舞团。他现为理县文化馆馆长，从事民间文艺保护与弘扬工作，成为阿坝州州级非遗传承人。[②]他担任导演的《古羌神韵》，引起了较好的社会反响，受到群众欢迎，在四川理县、茂县、成都，陕西凤县等地传扬羌族文化。2012年，他参加理县藏羌民歌大赛并荣获二等奖。2013年，作品《皮鼓声声》在中央三台《舞蹈世界》栏目荣获舞蹈全明星奖；在第四届成都国际非

---

① 不少书刊中记录此名，但据蒲溪村韩树康介绍，王真元本名“王真颜”。

② 张琳，易坦. 四川阿坝理县80后释比：传承羌族文化密码［N/OL］. 中国新闻网，2014-05-22. https://www.chinanews. com.cn/cul/2014/05-22/6202603.shtml.

物质文化遗产节中，作品《羊皮鼓舞》荣获最佳表演奖。2014年，荣获四川省首届农民艺术节舞蹈全明星一等奖；参加第七届四川省少数民族艺术节，作品《天鼓》荣获表演三等奖。2017年，参加阿坝州嘉绒原生态锅庄节，作品《瓦西切玛》获得二等奖。2019年，参加第二届四川艺术节并荣获四川群星奖。2023年，参加阿坝州民族歌舞团舞台剧《云上的呼唤》演出获得好评，剧目获得第五届四川文华剧目奖。

（二）释比职责

相传，释比分28种，其分工不同，侧重点不一样，因常常与人们交流，熟知谚语多，语言幽默，口才极佳。在休溪村村民的记忆中，休溪与蒲溪其他几个寨子同为一体，常常一起举行祭山等活动。

释比祈福　刘超 / 摄

通常，释比职责主要有以下几项：

第一，主持盛大的祭祀活动。在夬儒节和羌年，释比要提前三个月进入斋戒状态，届时带领村民举行一年一度的祭祀活动，通过仪式“夬儒瑟瑟”，诵经三天，表达对大自然的敬畏之情，祈求风调雨顺，五谷丰登，人畜兴旺。

第二，参与村民家中的红白大事。一是修建房子，释比要在村民要求下看地势敬神灵，并在房屋落成后请神灵，“呼啦”（vula，意即“打扫”）新房，保佑主家人入住平安。二是新人结婚，要请释比测算日子，在婚礼上，主持打煞仪式，当新娘到达男方家门口，释比站在门口诵经，将大米、青稞、麦子混合，向新娘头上撒，表示邪恶的东西不会随着新娘进屋。三是办理丧事，请释比测算出殡日子，释比要念经，助手击打羊皮鼓紧随其后，为逝者送魂开路。

第三，主持辟邪仪式。若村里有人突然生病或凶死，其家属会请释比占卜。羊髀骨卜为占卜之一种，20世纪初尚在蒲溪沟流行，俗以为可以用于卜运气、病因或卜在外行人。①若做完法事，三天之内病人病情尚未好转，人们就认为病人生病非邪祟作祟所致，需要到医院就医。所谓驱邪的方法主要有三种，即立筷子、在菜刀上立铜钱、化水等。如果有人凶死在外，释比会念诵咒语，做法事，以期达到驱邪的目的。

第四，行医。在长期的实践过程中，释比掌握了一些单方，在诵经的过程中对患者进行简单治疗。如他们认为可通过吞化签水或踩铧头，来解决小孩腹胀、不消化的问题。

第五，主持家畜法事。若家中牲畜不旺，经常有牲畜生病或死亡，主家一般要请释比烧圈“越石石”（iueaasheashea，意即“扫一下”）。释比诵经做法事，做“打油火”仪式。一周后再将牲畜赶回圈。

第六，主持祈雨仪式。逢旱季，休溪村村民在释比的带领下，上神山求

① 李绍明，程贤敏.西南民族研究论文选［M］.成都：四川大学出版社，1991：207.

蒲溪山顶　银福忠 / 摄

雨，举行祈雨仪式。从《求雨歌》（又称《抗旱歌》）[①]，可见人们求雨的心情。歌中唱道：

> 老天爷，快下两场雨啊！
> 眼看天这样干，快下三场雨嘛！
> 老天爷，我们要砸烂你的水井！
> 天上不下雨，地上的万物活不出来！
> 天边起雾罩，云啊快把雨带下来！
> 地上的苴蒌薮[②]都挤不出水了。
> 哪里去要水？哪里去要水？！

---

① 1982年10月记录于休溪村，王水清演唱，昂旺·斯丹珍采录。载冯骥才. 羌族口头遗产集成：民间歌谣卷［M］. 北京：中国文联出版社，2009：333-334.

② 苴蒌薮：方言，苔类植物，善吸水。

海神啊，快去海里拿水来！

我们找海子水，翻了一山又一山。

翻了一山又一山，翻了九架山。

老天爷，我们要砸烂你的闸水板！

地上的苴蒌藪有水了！

我们找水根（源）走了一沟又一沟，

走了一沟又一沟，走了九条沟。

老天爷，你有没有眼睛哟？

山岩下的神水流出来啦！

八十岁的老人都没有水吃了！

老天爷，你有没有眼睛哟？

三个月的婴孩也没有水吃了！

老天爷，你有没有眼睛哟？

地上的庄稼全要干死了！

老天爷，你有没有眼睛哟？

看，地下出水啦！

火树枝都发青啦！

八十岁的老人高兴啦，笑起来啦！

三个月的婴孩高兴啦，笑起来啦！

（三）释比法器

猴头帽（dhada）　由猴皮制作。顶部呈山字形，从左至右分别代表天（mudaebei）、地（ssueabe）、火（mu），表达敬神灵之意。帽子前部有贝壳装饰，代表猴的眼睛，据称可避邪。两侧为帽子耳朵，戴时搭在双肩，亦说有镇邪作用。释比在祭祀、主持丧事时戴此帽，与法鼓配合使用。平时将其放于安全、干净之地，旁人严禁触摸。帽子会代代相传，如亲子不学，才传给外姓弟子。

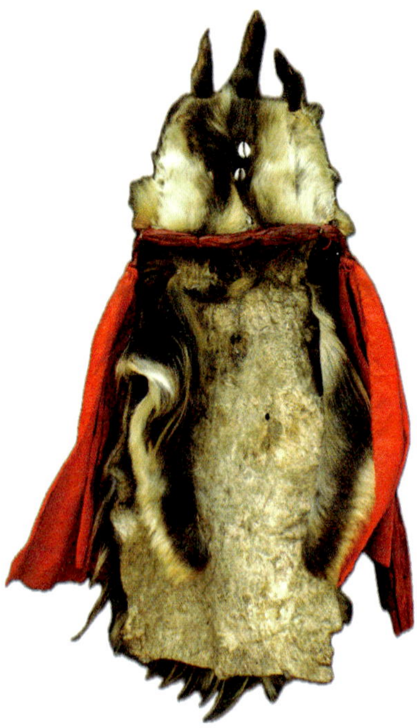

猴头帽　耿静 / 摄

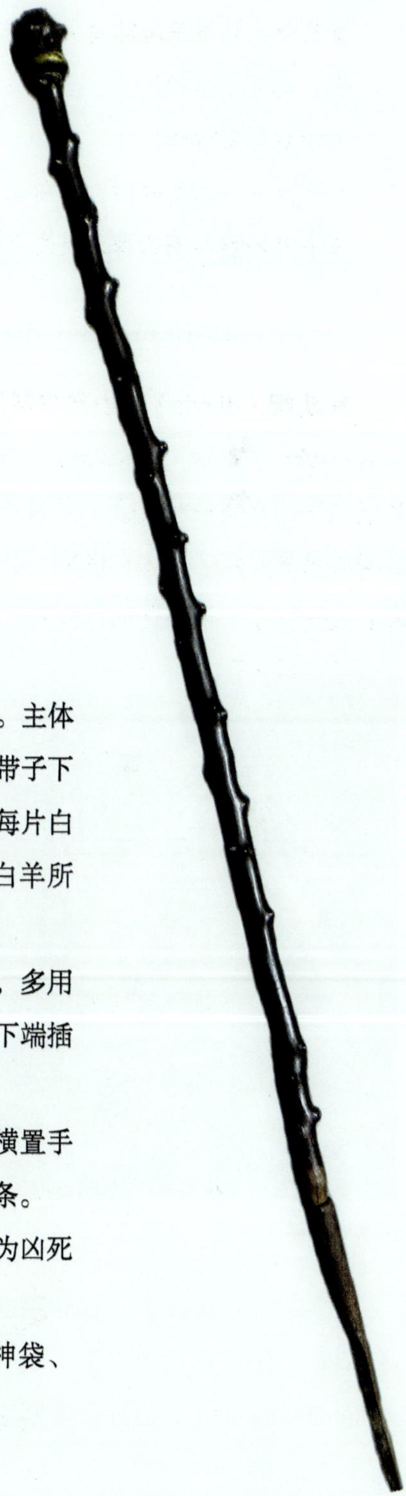

神杖及杖首　耿静 / 摄

腰带（sheigvudde）　由两部分组成。主体部分为黑色宽布腰带，丝绣蓝色万字格；带子下侧均匀连着七片布制白条，呈若干Π形，每片白布条上装饰六对羊角图案。传说经书被白羊所吃，释比用此腰带表示回忆经书。

神杖（sheigvu vvuazu）　长约1.5米，多用藤棍制成，上端雕刻为人头形或狮头形，下端插入铁制锐利尖头。

羊皮鼓（rrbbeu）　为单面鼓，内有横置手柄。释比做法事时会在羊皮鼓周边贴白纸条。

铃铛（xilin）　铜制。释比在祭祀、为凶死者招魂时使用。

此外，释比法器还有响盘、铜镜、神袋、鹰爪、独角、兽牙等。

四 盛大的“夬儒”

GUAERЕU BBEI BUS

夬儒（guaereu），为汉语音译词，指蒲溪一带羌族在特殊日子进行的重大祭祀活动，与茂县、汶川等县羌族居住地举行的仪式相似，茂县称其为“国儒”（gorreu），汶川称其为“国若”（gurro）。

唱诵　王福耀 / 摄

“夬”（guae），汉语音译，“祭品”之意，视其规模大小而称呼不同，通常分三类。第一类，称“予夬”（iuguae）或“珠珠夬”（dhudhuguguae），以红公鸡为祭品，属于小型祭祀，往往由一家人表达自己的愿望，在家中燃柏枝熏烟或于屋顶龙嘴处祭祀。第二类，称“恰夬”（qaeguae），以羊为祭品，属于中型祭祀，一般为家族性的祭祀活动，不需要通知各个寨子。第三类，称“牟夬”（muguae），以牛为祭品，为大型祭祀，其中，牦牛祭（rroguae）规模较大，是属于整个部族的祭祀。一般由家族轮流举办，丢骰子决定用自家喂养的或外出购买的黄牛，须在祭祀前尽心喂养两月左右。“儒”（rreu），汉语音译，“敬献”之意，指以烧柏树枝献祭的形式供奉神灵。因此，夬儒节上要杀鸡、牛或羊。

释比主持的夬儒节活动属于群体活动，规模大，往往会有好几个寨子的释比参与。他们口中念念有词，向日月山川虔诚地表达感恩与膜拜之情，祈福地方风调雨顺，村寨平安，人畜无灾无难。

祭祀　耿静 / 摄

“夬儒是蒲溪一带最隆重的典祀，通过仪式充分体现出释比的价值与权威。”历史上，夬儒节举办时间由释比决定，一般选择在农历二月属狗或属猪的日子，以阴天或下雨天为吉，寓意能洗涤所有人的身心。仪式举行过程中，释比需要净身焚香，穿好法衣，戴好猴头帽，手执法器神杖，进行为期三[①]天的诵经祈福活动。

第一天，唱诵神灵。释比依次唱诵天神（太阳神）、木姐珠、月亮神、白石神、山神、水神、寨神、树神、路神等，称“开天门”。特别是通过唱诵木姐珠的故事，感谢自然，感谢木姐珠给羌人带来五谷。

第二天，唱诵牛。释比诵经，表达牛对人付出的恩情。所指的牛有两种。一种是用于祭祀的牛；另一种是放生牛，行完祭祀之仪后，要将此牛放生，任其老死，不能宰杀食用，俗传若人食用，会家畜不兴。

第三天，杀牛祭祀，又称夬儒瑟瑟（guai ru sei sei）。此乃最大的祭祀活动。首先，释比请神诵经。诵经结束后，牵着牛辗转于村寨各处。然后，来到全寨最重要的龙嘴处转三圈，将牛宰杀，以示牛的灵魂升天，成为人们心中的神牛。人们通过祭祀，表达所有愿望送达天界。最后，集体聚餐，分享牛肉，剩下的牛骨不能乱扔，需要堆在神树下，再通过男子打靶的形式带回家。[②]

现在的夬儒节活动已经从过去的三天简化为一天半。在释比的带领下，身着盛装的休溪村村民，在羊皮鼓的敲击声中，来到释比广场的龙嘴前，点燃柏树枝和香烛，献上日月馍馍和人形馍馍，进行祭拜。之后，又在释比的带领下，村民抬着供品围绕村寨游走，重点祭祀寨神“然角”（rraejo）、天神“木比塔”（mubita）、水神“雪来子”（xuelaizi）、树神“嘎泽梅”（gvazeameai）、山神“格窝”（geawo）、白石神“罗比色”（loprrivseai）等。祭祀队伍经过的每户人家会在门前摆上美酒和祭品，寓意接福并表达问候。最后，要把由专人抬着的动物造型面塑和草把一并扔到山中的一个角落，寓意把晦气和不好的东西赶出村寨。

祭祀完毕，释比要当众唱诵几段经文，通过释比戏表演，以寓教于乐的方式告诉村民应遵守的规矩，以此引导村民约束自己的日常行为。所谓

① 三：羌语“seai”，音译“瑟”，在羌族人的观念中被视为吉祥的数字。
② 访谈对象：王小刚；访谈地点：成都郦湾酒店；访谈时间：2019年3月5日。

跟随释比游走村寨　银福忠 / 摄

村民在家门口等候　银福忠 / 摄

全村到休溪坪欢聚　银福忠 / 摄

“释比戏”（guaepuhhrre），“是羌族傩戏剧种，传于阿坝藏族羌族自治州的茂县、汶川、理县和绵阳市北川等羌族地区，羌语叫‘刺喇’或‘俞哦’”。[①]据释比后人韩树康回忆，1995年，四川大学日本籍留学生松冈正子曾到蒲溪村进行民族学调查，恰逢王久清释比主持隆重的央儒节祭祀仪式，这是多年来蒲溪沟规模较大的一次央儒节活动，有五六位释比表演了释比戏。

释比戏表演　银福忠 / 摄

释比戏的诞生，既是民间信仰的一种形式，也是过去民间治理、规范社会秩序的有效方式。在羌族人看来，释比是神与人的“沟通者”，在民间享有很高的威望，他们掌握技艺，熟知人们的心理诉求，因而人们对其十分敬重。释比扮演俗人，以赌咒发誓的肢体语言来引导约束人们的行为，对规范羌族社会秩序起到了一定的积极作用。

① 严福昌. 四川傩戏志［M］. 成都：四川文艺出版社，2004：54.

第七章

DIQIZHANG

精彩的人生礼俗

ME AETEI DDEAGE GUIJU

一 婚丧习俗

MEJJUAE GUIJU

（一）婚嫁

基于1958年和1959年调查所得资料《阿坝藏族自治州小金、理县社会调查材料》[①]的记载，蒲溪一带的男女婚姻在过去多由父母包办，保留着不

喜庆人家　银福忠 / 摄

① 中国科学院民族研究所四川少数民族社会历史调查组. 阿坝藏族自治州小金、理县社会调查材料［R］. 内部印刷，1963.

落夫家的习俗。“第一次说婚时，男方托媒人送点心一封给女家，第二次送咂酒24斤，称‘订准酒’，快到结婚时，又送酒18斤，称‘报期酒’，酒的数量一点也不能少。结婚前男女双方不能见面，而且父母还要隐瞒女儿婚事。直到结婚前数日还把女儿骗去他寨，结婚前夕才回家，半路经人阻拦（事前安排的妇女），这时姑娘才知道要出嫁了。……婚后新娘回娘家的习惯限制不严。”“羌、藏都有‘上门’（入赘）的习惯，上门后男方随女方姓。”

敬告神灵　银福忠 / 摄

结婚的整个流程大致如下。

男方看上一家姑娘后，请中间人“布瑞”（burreai，又称红叶大人）带上“手情”（即酒、挂面、点心等）上门提亲。女方父母（现为女方）若不同意，可婉言谢绝；若同意，就喝许口酒“别洛”（biealo）、订准酒“达如且”（darrujiea）。

待时机成熟，男方长辈及亲戚便与中间人一道去女方家送催婚酒“追她热”（zuitarr），表示“催结婚”之意。女方同意后，就喝许口酒“别洛”、打发酒“尕和拉吉”（gvavealajea），还要备好人形馍馍等礼物送给男方。

接着，双方各请释比或算日子的先生，按照男女方生辰八字测算婚期。然后，双方聚在一起商量并确定结婚日期。

结婚日前夜称为“花夜”。女方家举办唱盘歌、跳锅庄等活动。男方的亲朋好友组成迎亲队伍，带上被子、衣服、箱子、布匹、陪奁钱等前往女方

送礼　银福忠 / 摄

婚宴　银福忠 / 摄

家，让女方亲友看看礼物，并与其一同欢聚。

结婚当天称为“迎亲日”。男方迎亲队伍一大早前去接新娘，即“抢亲”。新娘“哭嫁”，拜别父母，搭好盖头。女方送亲队伍由一名长辈带队，大家用背篼背上陪奁，拥着新娘出发前往男方家。

来到男方家门口，新郎要第一个喝开坛酒（即咂酒），略喝两口即可，再邀请所有来宾喝。接着，由请来的释比或先生主持打煞仪式，念经，撒粮食（青稞或稻米），点燃松枝熏烟，让新娘踩一个上面放有一双筷子的旧碗，表示除掉新娘从娘家带来的晦气。仪式期间，忌讳孕妇在旁。仪式完毕后，燃放鞭炮。

一对新人走进家中堂屋。新娘先坐一会儿，再起身与新郎面向神龛站立，由释比或先生主持拜天地仪式。他大声说道“一拜天，二拜地，三拜父母，再对拜”，新娘新郎一一叩拜。拜毕，新郎揭开新娘的盖头，两人喝交杯酒。

当天中午，男方家举办婚宴，称为“正席”。来客要挂礼。过去，正席开席前，新郎会身挂丝绸做的大红花，亲朋好友纷纷上前给新郎挂羌红以表达祝福。此时，新娘比较害羞，一般在房间里坐着。开席后，新郎会向大家敬酒。现在，一对新人站在一起，任由众人上前挂羌红，表达祝福。席间，新人一起给每一桌的亲朋好友敬酒、发喜糖。

次日，回门。新人要感谢每个前来帮忙的人。特别要为中间人准备猪头肉、酒、钱、衣服和鞋子，在中间人离开的时候还要燃放鞭炮。在交通方便的条件下，会用专车接送中间人。随后，新郎和新娘带上烟、酒和其他礼物回新娘家。

在释比诵念的经文里，有不少关于婚嫁的唱词。其中，在新娘迈进男方家大门时唱的《改煞歌》[①]就表达了为男方家辟邪护平安的意思。释比唱道：

---

① 1982年10月记录于休溪村，王水清演唱，昂旺・斯丹珍采录。载冯骥才. 羌族口头遗产集成：民间歌谣卷［M］. 北京：中国文联出版社，2009：334.

一张桌子四角方，
张果采木鲁班装，
四方镶起云牙板，
中间焚起一炉香。

一张纸钱白如云，
将来回送车马神，
女家车马请回去，
男家车马出来迎。
茨恶马恶甲嘎[①]，
常常大吉大利。

（二）丧葬

在休溪，人们一直延续着火葬传统。到近现代，葬式分两种，一种是土葬，另一种是火葬。若人在家里自然老死、病死，则行土葬；若人突然在外死亡，如吊死、摔死或不明原因死亡等，则行火葬。在病人临死之际，有的人家要请释比，杀落气羊或鸡，寓意为逝者开路。杀完羊之后，逝者直系亲属戴孝帕，且不能吃羊肉。孝子须戴孝帕三天。

土葬曾一度为休溪村村民主要丧葬形式。逝者家人要请释比选墓地，讲究坟头朝着山包（坟对包），择时埋葬。20世纪60年代，为了增加耕地面积，曾起过很多坟茔，集中迁移至两个祖坟地附近，这也让不少人认为火葬方式好，干净，不占地。

现在，火葬为当地的主要葬式。每个家族都有自己的火坟地。如在“百勒”（beealea）这个地方，王家与罗家二家祖坟“阿觉”（vhajo），徐、

① 茨恶马恶甲嘎：汉语音译，意即像雪菇（一种菌类）、水籽（一种小米）一样发展。雪菇和水籽的繁殖力很强。

孟、余三家祖坟“王坦”（vvangtan），分别有一个火坟地。在下寨还有一个坟地，内有王家和徐家两家火坟。据了解，下寨火坟的出现时间最早，直至20世纪50年代，上寨王家有人去世，还要到此火化。清明时节，众人要到坟地祭祖，表达对先辈的怀念，祈祷先辈对后代的庇佑。

如果某家有人去世，逝者着七或九件布制衣服，穿布鞋，被放入置于堂屋的棺木。寨子里的各户纷纷派人前去帮忙，自觉分工，每家会烧柏枝，送祭品，上香烛，进行祭奠。夜幕降临，众人敲起羊皮鼓，跳起丧事锅庄，唱诵逝者的一生，表达对他的思念，颂扬他的功绩，进而传递出羌族人面对死亡的乐观、豁达、淡定与坚强。

出殡时，棺木由亲戚中年轻者抬至火坟地。逝者舅舅开棺，检查逝者着装，听主家人说明其病因及去世情况，在母舅点头认可后才能火化。火化逝者时，众人大多离开，仅留下几人帮忙。三天之后，孝子、母舅一行前去“伏山”，收捡骨灰，放置于坟包，用黄泥覆盖，砌坟。火葬仪式至此完毕。“头七”那天，逝者家人带上腊肉、香肠、鸡蛋、酒、糖等前去祭拜。人去世后的第49天、第100天，再去祭拜。此后，每年除夕和清明前去祭拜。上坟要用的祭品有酒、肉、面、米饭、鸡蛋、香肠、糖、香、蜡烛、柳条挂福钱、纸钱。

二 制作技艺

YIGVEI BUS

（一）羊皮鼓[1]

汉语音译“噢补”（rrbbeu）。据称，其来源与释比有关，释比口含柏树枝丫，按照节奏，敲着不同的鼓点，是与神灵沟通的对话表达。羊皮鼓使用时还要搭配鼓槌“补尔”（rrbbeu dashne）。制作羊皮鼓需要选择时间，通常在秋天收集羊皮，这个季节气候适中，若选在冬天收集羊皮，由于热胀冷缩，后期制作出来的羊皮鼓质量不好。到次年春天，气温转暖，选择天晴之时制作羊皮鼓。

工具：斧头、剪刀、针、锥子、皮刀、顶针、麻绳、山牛角（辅助固定线的工具）等。

羊皮鼓的制作流程可分为五个步骤：

第一，收集羊皮。选用体形较大的羊的皮子，皮子要完整。

第二，洗皮。用凉水把羊皮上的血水和肉渣冲洗干净。

第三，绷皮。选取杉木作为绷皮的材料，杉木必须含三分水，乘杉木湿时用刨子推平整，然后和铁片一起边烤边卷，卷成圆形就可绷皮。绷皮的时候，要选择绷在羊的脊梁皮处，且皮上不能有洞。绷好后用麻绳和把手

① 访谈对象：孟子成；访谈地点：孟子成家；访谈时间：2019年3月11日。

制作羊皮鼓　耿静 / 摄

固定。

第四，剪毛。在绷皮的地方先用剪刀剪掉长毛，再用皮刀把短毛刮净。

第五，晒皮。确保绷好的皮子受到太阳的均匀曝晒。

鼓槌是用来敲击羊皮鼓的工具，用竹子根制作而成。

（二）羊皮褂

羊皮选好后，敷子母灰，泡上一两天。待皮子泡涨，用刀将其上腐肉等刮掉。清理干净后再洗皮，于晴天晾晒干，抹酥油或猪油，有的人家也用菜籽油。之后几日继续揉搓，清洗后晒干，再揉搓。待皮子变得柔软时方可进行裁剪，最后用羊皮制作的线缝合即成。

（三）剪纸[①]

汉语音译“握珠珠”（vvozuzu）。这一民间技艺在理县羌族居住地均

① 访谈对象：孟绍珍；访谈地点：孟绍珍家；访谈时间：2019年3月11日。

有流传。休溪村本地剪纸的传统纹样有万字纹、龙须纹、喜字纹、五指纹等。按使用场合不同，剪纸主要分三类：

第一类为祭祀场合使用，有“神的衣服”之意。主要用于神龛，起祭祀神灵的作用。只能由男性在春节和特定时间进行制作。在除夕，家家户户要为家中神龛换“神衣”，把不同图案的剪纸贴在神龛上，所谓“神龛换衣”。目前，休溪村只有两人会剪传统“神衣”，他们一般会提前为全村剪好，图案多为万字纹、五指纹、云纹和豆腐纹，寓意新的一年里辟邪与祈福。为表达谢意，人们往往赠送一瓶酒作为回礼。

释比在祭祀活动中要用剪纸，将剪纸当作他们的法器之一，有的剪成法旗单独使用，有的贴于羊皮鼓等法器上，认为这样可起到加持法力的效果。

第二类为日常生活使用。用于刺绣装饰，寄托美好愿望。主要是指绣花剪纸，作为刺绣的花样，贴在布料上，再用针线绣制。如“土獾爪子花”纹样常被剪成绣片后绣饰于男子服饰上，表达妇女对丈夫安全出入高山峡谷和密林的祈盼。八瓣花纹也是常用纹样，对称状，造型饱满，寓意吉祥、圆满。还有鸟、兔等动物图案，寓意六畜兴旺。

第三类为婚丧场合使用。办婚事时，用红色纸剪出“喜”“寿”字，并剪一对龙须打扮猪头图案，有的还剪出蝴蝶、喜鹊闹梅、牡丹、莲花、石榴、祥云等图案，房间要张贴若干剪纸，象征着对新娘新郎的美好祝福，营造喜庆的气氛。办丧事时，用红色以外的其他颜色纸裁剪。白色剪纸粘贴在神龛和大门上，表示告知先祖及亲友，家中有人去世。随后用纸剪引魂幡、纸旗、纸花等图案。

“最简单的剪纸是贴在神龛上的‘神衣’，几分钟就可以完成；最难的剪纸是用在喜事上的，一般都要剪上一天多，才剪完。”[①]

剪纸的工具有剪刀、刻刀、裁刀、凿子等，材料以纸张最为常见，也有布匹、兽皮等。以绣花剪纸为例，制作流程主要有五步：

① 访谈对象：孟绍珍；访谈地点：孟绍珍家；访谈时间：2018年3月11日。

第一，选材。选取白色或彩色纸张。

第二，将纸张按要求折叠。

第三，提前构思，裁剪图案，称为“剪花”“剪花样子”。

第四，贴剪纸。贴剪纸的浆子（即糨糊）用小麦粉兑水做成。用玉米壳制成的刷子刷浆子，将剪纸贴在底布上，稳固而服帖。

第五，刺绣。结合绣花剪纸，用针线在底布上进行刺绣创作。

当地人认为剪纸过程中留下的纸屑一定要烧掉。传说，如不烧掉这些纸屑，人老了以后眼睛会不好。

剪纸　银福忠 / 摄

在蒲溪乡，剪纸能手有蒲溪村的饶青姑娘、余德发、韩保花、余明香，休溪村的王保荣、王小刚、王小勇、孟绍珍，河坝村的陈周周等。

（四）羌笛

汉语音译为“其篥”（qilea）、“土布里”（qibule）。将两根长15—20厘米，直径1厘米左右，孔径大小一致的竹制或骨制长管并在一起，用丝线缠绕固定，管头处插入竹簧。管身由发声簧哨和方筒形管体组成。两管长短、孔距和音高相同。它是人们表达情绪的载体，是羌族乐器的代表。

羌笛　银福忠 / 摄

弹奏口弦　银福忠 / 摄

（五）口弦

汉语音译“无鲁特”（hhdhuliea），是广泛流行于羌族村寨的民间乐器。口弦常挂于胸襟纽扣间。长约11厘米，厚度约0.5厘米。主要由女性在闲暇或聚会之时弹奏。弹奏时，通过手指的拉动和用嘴向里吹气，震动簧片发声，其乐音细小，婉转动听。主要的曲调如《吆羊歌》《薅草歌》等。口弦的制作难度极高，制作周期长。选材高山箭竹或南竹，风干之后用油浸泡两年，才能制作。工艺难点在于簧片制作，讲究厚度及侧面的缝隙，这是确保音色的关键。

三 礼俗娱乐

GGACHI BUS GUIJU

（一）送祝米

生育是家庭中的大事。在过去，休溪村有生儿子在大门插红纸（旗），生女儿插白纸（旗）的习俗。现在，卫生条件变好，当地妇女一般到理县医院或汶川县医院生产，生完小孩后要坐月子。之后，由家人算日子，决定“送祝米”（seaijea）的时间。届时，亲朋好友带着猪蹄、猪肉、鸡蛋、酒、醪糟、小孩衣物等前来看望产妇与小孩，表示慰问与祝福。

（二）挂长命锁

休溪村有孩子出生以后在脖子上挂长命锁的习俗。长命锁有金属制和布绣两种，上镌有“长命百岁”“长命富贵”等字样，俗传具有辟邪祛灾的作用。孩子一般自起名时挂长命锁，直至成年（男孩长到十五六岁，女孩长到十二三岁）。

（三）穿耳洞

羌族男女童都有在耳垂处穿耳洞的习惯。通常女童穿双边，男童长至六至八岁时穿左边，戴耳坠。若孩子体弱多病，穿耳洞据说也可破相保平安。

（四）保健康

家里有病人时，门上立一长凳，表示避生，不让外人进去。现在，此习俗已淡化，病人一般会到卫生院或医院就医。

庆贺　银福忠 / 摄

（五）祝寿

老人到了60岁、66岁、70岁或90岁要过生日。当地特别讲究男逢九女逢十祝大寿。届时，主家张灯结彩，亲友备礼祝寿，礼品多为寿酒、寿面、寿桃等，小辈要向长辈拜寿，亲戚邻里要聚在一起庆贺。

（六）挂红

又称“献红”，主要有两方面的用途。一是羌族社会交往中的礼仪用品。献者手捧一根2米长的红色绸缎或其他布料，从男宾左肩斜挂于右肋下方并打个结，若是女宾则反向系，以示对来宾的尊敬及美好祝愿。二是在新修房屋时，取0.6—1米长红布用于安门、上梁或安神龛等传统仪式，表达对神灵的敬畏。

《刮浦日》表演开场　耿静 / 摄

（七）释比戏

2012年，随着夬儒节活动的恢复，释比戏被挖掘出来。文艺工作者经过努力，将释比戏《刮浦日》（guaepuhhrre）反复打磨，呈现于世人面前。该释比戏导演韩树康，

1964年出生，蒲溪乡蒲溪村人。他从小在长辈的熏陶下接触了释比文化，掌握了羌族民俗礼仪、民间歌舞等，能熟练地唱诵部分释比经典。1980年参加茂县羌族歌舞团，现是茂县文艺工作者，致力于羌族民间文化的保护与传承。在他的记忆中，对释比表演释比戏的印象尤深。为了挖掘释比戏，他往返于家乡与工作地，从老人们的叙述中探寻释比戏的踪迹，终于勾勒出释比戏的轮廓，并确定了扮演角色、服饰、道具、台词等。

“传说最早的时候，村落平平安安，是狐狸带来了瘟疫，它的声音上扬，似婴儿哭啼声‘啊，啊’。”“扎起的茅草代表了邪恶，释比将神棍扎向茅草，代表了驱赶邪恶不好的东西。他们出场大声喊道‘哈喊、哈喊’就是‘赶走’的意思。”“刮浦日，‘日’有扮演之意，‘浦’指一表演起来，扮演者将锅烟墨画在脸上，以幽默诙谐的表演来达到目的。”“每一个角色代表着一条规则，要求人们不能做坏事，整个梳理下来就有12个角色，12个释比请神、唱经之后，换装表演。”[①]

根据相关调查，《刮浦日》中各个角色的扮演者均是羌族男性，来自蒲溪村，大多数人在50—60岁之间，演员名单如下：

《刮浦日》扮演者一览表[②]

姓名	角色	姓名	角色	姓名	角色
韩建军	掉鼻子	王相全	秃子	饶富民	会首
余树英	尖沟子	王保成	瘸子	韩冬清	哑巴
韩福宝	长虱子的人	杨九宝	瞎子	王友顺	驼背
韩水云	聋子	王树云	小偷	韩树兵	抓小偷的人

在2013年央儒节上《刮浦日》表演开场时，会首的道白如下：“全寨的父老乡亲辛苦了！ 今天是2013 年的农历二月初二‘龙抬头’之日，也是我

① 访谈对象：韩树康；访谈地点：水磨镇梅朵酒店一楼；访谈时间：2022年5月21日。

② 李祥林. 作为“寨子戏”的羌族民间仪式戏剧的活态存在［J］. 浙江艺术职业学院学报，2018（1）.

《刮浦日》表演　银福忠 / 摄

们蒲溪羌寨一年一度的‘夬儒节’祭祀活动的好日子。我们在释比的带领下已在祭祀塔前祭祀过神灵了，我们会得到神灵的保佑的。接下来，我们将在天神、山神、寨神等神灵的面前说出自己看见的、听到的、想到的，我们用古老而原始的方式进行说唱，要大家认真看，仔细听，用心想，我们在平时的生活中将怎样去做好自己的事，管好自家的人。”[①]表演共持续了半个多小时，其说唱内容诙谐、风趣、朴实，通俗易懂，寓教于乐，配合夸张的表演，也有与旁观者的互动，所用道具既有释比法器，也有生产生活用具，将释比神圣性与群众世俗性连接到了一起，现场效果好。

释比戏表演，让老百姓懂得一些道理，并以在神灵面前赌咒发誓的方式来强化规则意识，起到了社会教化作用。释比戏在被挖掘出之后有一个不断完善的过程，表演前添加了几段唱诵自然的经文，使得释比戏内容更为完整。更重要的是，表演者渐渐由释比转化为群众，消减了民间信仰成分，增加了娱乐性与民俗性。释比戏由此成为夬儒节民俗活动的重要组成部分，吸引了众多群众参与，扩大了夬儒节的知名度与影响力。

（八）蒲溪锅庄

汉语音译为“啦续”或“纳旭”（laexo）。休溪村村民与蒲溪沟其他村寨的人一样，喜欢“跳锅庄”[②]。跳锅庄主要在节庆及婚丧活动中举行。男女老少皆可参加，少则几人，多则百人，规模不一。由长者领舞、领唱，参与者侧身列队，一手搭肩，排成半圆状站立。男子领唱，女子复唱。所唱内容丰富，根据场合而有严格的区分。喜庆类锅庄，唱曲节奏缓慢，旋律优美，拖腔婉转高亢，唱词较长，多为表达祝愿、赞颂之意。情歌类锅庄，是羌族青年男女参加社交活动时表达情爱的歌舞，常常是即兴创作，唱词内容

---

① 李祥林. 作为“寨子戏”的羌族民间仪式戏剧的活态存在［J］. 浙江艺术职业学院学报，2018（1）.

② 跳锅庄：锅庄为杂谷脑河流域民间歌舞。庄学本先生在对羌民的考察中也称其为“跳锅庄”。近年来，研究者均将其归入羌族萨朗，认为其为萨朗的一种。

风趣幽默。丧事类锅庄，演唱的歌曲曲调低沉，唱腔悲伤，歌词以颂扬逝者业绩为主，催人泪下，表达追忆，寄托哀思。以上三类代表性锅庄舞步轻缓，动作干净利落，舞蹈时以脚踏地，辅以摆肩、动胯、甩肩、扭腰、前后摆手、脚尖离地、双手柔摇并缓缓下压、转动身体等动作。舞曲幽婉，给人一种轻松、静谧的感受。随着情绪高涨，舞步渐次加快，变得粗犷，歌声更加嘹亮，歌与舞达到和谐统一。[①]

蒲溪锅庄　银福忠 / 摄

① 政协理县委员会文史资料编辑委员会. 理县政协文史资料选辑：第一辑［R］. 内部印刷，1997：133-134.

总体而言，蒲溪锅庄地方特色浓郁，体现了这一带羌族人民的聪明才智，表达了人们敬畏自然、热爱生活、勇于追求与创作的精神。由此，2005年，蒲溪乡被四川省评为首批特色艺术之乡（羌族萨朗舞之乡）。

（九）羊皮鼓舞

汉语音译“布兹拉”（rrbbeu hhrrela），是从民间信仰中释比持鼓诵经开展祭祀活动演绎而来。主要有独舞、对舞和群舞三种形式。其主要动作有小腿划圈跳击鼓、蹉步跳击鼓、蹲步跳推击鼓等，较为固定、单一，但节奏感强。舞者通过击鼓，烘托出祭祀场景神秘的氛围，并营造出祭者与神灵对话的意境。羊皮鼓舞是释比文化的载体与表现内容之一，表达了羌族人民“天人合一”的精神信仰。随着社会发展，羊皮鼓舞向世俗化方向发展，成为人们喜闻乐见、体现蒲溪沟地方特色的非遗项目之一。2007年，羌族羊皮鼓舞被列入四川省级非遗名录。休溪村也涌现出王德林、孟龙刚、王建康等一批羊皮鼓舞传承人。

2013年3月和7月，休溪村村民参与的蒲溪羊皮鼓舞队先后参加中央电视台《舞蹈世界》栏目拍摄及成都国际非物质文化遗产节巡演。2014年7月，蒲溪羊皮鼓舞队受邀参加贵州举办的“美丽中国·多彩贵州·爽爽贵阳”国际非遗大会演活动。

羊皮鼓舞 银福忠 / 摄

四 节日庆典

JJIE SSEAZEA BUS

在滚滚向前的历史长河中，羌族人民创造出了富有地方特色的民俗文化，节日庆典即是其重要的表现方式。这些节日活动既汇聚了羌族人民生产生活的智慧，更反映出各民族交往互动的过程，为丰富人们的精神生活增添了色彩。

（一）春节

在各民族长期的交流交往中，春节成为理县各民族人民共同欢度的节日。《理番厅志·风俗》载，“祭祀之礼，元旦伏腊与他邑无异。除夕有先至神寺祷祝上香者，虽数十里必往也”。在1950年以前，每年农历冬至伊始，人们会背着收获的农作物，翻山越岭走半个月路，到灌县（今都江堰市）换得少许大米及零星年货，并陆续杀年猪。直至今日，春节前办年货和杀年猪习俗仍然保留，有的人家饲养的猪多，还可以对外售卖，就近满足其他人家的需求。①

农历腊月初八，休溪村村民用大米、面粉、豆子、肉、萝卜等煮“腊八饭”，寓意有好的收成。腊月二十三为“祭灶日”，家家户户以香、馍馍等

① 以前，物资匮乏，大多数家庭只在过年时才能吃到猪肉。现在，村里养猪量明显减少，若一户人家养猪4头，可自家食用2头，向本村养猪少的人家卖出2头，一般12—13元/斤。本村的人买一头猪大约要花3000元，其他人买大约要花4000元。

供品祭献灶神，以求灶神向天神汇报并除恶扬善。从这天开始，每户人家除尘扫屋，为迎接新的一年做准备。

休溪村出门在外的人一般会在除夕前不辞辛劳地赶回家中。大年三十，休溪村每家要以“神衣”祈福，去墓地祭祀祖先。从中午开始陆续贴春联、门神，挂灯笼。到了晚上，一家人吃“团圆饭”，到龙嘴祭祀，点燃松柏枝，诵经，表示把不好的不干净的东西送走。人们围坐于火塘旁，饮酒言欢，通宵达旦，整个村寨鞭炮声声，烟雾缭绕，处在一派祥和热闹的气氛中。

正月初一，人们不走门户，不放牛羊。到了初二，人们才出门，走亲访友，互相宴请，送“手情”（即酒、点心、挂面等）。此后，春官[①]、送财神的人也开始在村寨里游走，他们说吉利话、送春帖，以讨取一些赏赠。在1950年前，薛城作为理县的经济文化中心，春节期间热闹非凡，那里的人们会耍龙灯、狮子灯、跑马灯、车灯、莲船灯以及幺妹灯等，抬“菩萨”逛街，进行川剧表演，直至正月十五“闹元宵”才收场。[②]毋庸置疑，多彩的民俗活动，对周边羌村藏寨产生了吸引力，让春节成为当地民众共同期盼、共同庆祝的节日。

从1950年起，春节成为国家法定假日。随着生产力的提高，各族人民物质生活水平也稳步提升，休溪村村民的春节活动更为丰富而富有活力。

（二）夬儒节

原为蒲溪乡盛大的祭祀活动。自2012年恢复以来，连续举办十多年，已经从以民间信仰为主的仪式性活动转化为群体性强、规模宏大的民俗活动。

---

① 春官：是说春人的俗称，一般为中老年男性。他们能说会道，带着春帖，走乡串户，送“春”上门，用新春吉词表达祝福。

② 理县志编纂委员会. 理县志［M］. 成都：四川民族出版社，1997：752.

蒲溪乡夬儒节举办情况一览表

年份	举办地	年份	举办地
2012	休溪村	2018	休溪村
2013	河坝村	2019	休溪村
2014	休溪村	2020	休溪村
2015	河坝村	2021	蒲溪村
2016	休溪村	2022	休溪村
2017	蒲溪村	2023	休溪村

夬儒节与转山会有一定差异，前者是一年中当地举办的最盛大的活动，要祭祀天神及人间所有的神灵，而后者重点祭祀山神。夬儒节上的重要内容主要有两项，一是祭祀活动，二是释比戏表演。

村民观看释比戏　耿静 / 摄

从历史发展来看，现在举办的夬儒节与过去的存在几个不同。

在举办时间上，由释比择日改为固定到农历二月初二。“二月二，龙抬头”，中国民间认为，这一天处在雨水、惊蛰、春分节气之间，是春回大地，万物复苏的开始。二月初二举行夬儒节，人们祈龙赐福，保佑新的一年里风调雨顺、五谷丰登。这既是羌族在从事农耕生产过程中，通过认知物候变化规律形成的知识体系，又蕴含着羌族社会形成的民俗事象系统，有着丰富的历史积淀与文化内涵，也进一步印证了民族之间的相互影响，羌族文化是中华民族传统文化的重要组成部分。

从活动规模而言，现在举办的夬儒节打破以往仅局限于“寨”的限制，由祭祀规模决定，延展到全乡五个村共同举办，规模大于以往，此外还有来自五湖四海的宾客，渐渐从单一民族的活动变为多民族共同欢庆的活动。“修好释比广场后，整个蒲溪沟的夬儒节都在休溪开，在释比广场敬神，再抬着牛羊，一路歌舞走到休溪坪。我们村主要表演羊皮鼓舞，大蒲溪村表演释比戏，中午一起‘打平伙’，好耍得很！专门来看表演的游客也多了起来，他们就是来体验我们的文化。”[①]

夬儒节上的摔跤与推杆比赛　银福忠 / 摄

从活动内容看，夬儒节过去以祭祀仪式为主开展活动，如今将原有的祭祀流程保留下来，文化内核延续不变，另外增加了新的活动主题，如2018年的夬儒节主题为“感恩奋进，弘扬传统古羌文化”。这种方式无疑丰富了节庆活动内容，提高了娱乐性。

除了释比戏表演，夬儒节活动还包含了通过挖掘当地文化资源而编排的具有地方色彩的文娱节目。如《尔玛圣鼓》《俄米切让》《扎嘎嘿》《恰吉热》《哇系切玛》等表演。其中，《恰吉热》为群舞表演，表达了当地群众对龙的信仰与崇拜。表演者不使用道具，而是通过肢体动作模拟龙的形态，所有人呈半蹲状，相互抓住腰带，如蛇形排布，一边踏着舞步，一边

① 高梧. 非遗口述史系列之二：羌人释比王福山访谈录［J］. 天府新论，2018（3）.

唱道“obomo miqiea qiea yuqiea guo vhameala qieas”（意思是“谁都敢惹，除了舅家”）。还表演公龙、母龙抢宝的情节，阵形移动时，表演者发出“qiea！qiea！”的声音，这是“翅膀”之意，似说跑的时候像鸟一样飞起来，从而表达出内心的快乐。这些节目源自民间，因而得到当地人的认可，激发出他们内在动力，并乐于参与其中。

欢庆活动结束，各个村寨的群众会自发围成一个圈子，将自带的美食摆放于筛子里，供大家分享。远处有专门的人员负责烹羊宰牛，并陆续分送到各处。众人席地而坐，喝着美酒，欢歌笑语一片。回到村寨后，众人还会继续欢庆，围着篝火跳锅庄，直至尽兴而归。

综上，央儒节活动从私人祭祀到集体欢庆，参与者人数增多，不仅有休溪寨的人，还涵盖了蒲溪沟其他几个寨子的民众。远处雪山顶金光闪闪，近处绿树青青，于碧绿青山环抱中，人们在休溪坪载歌载舞，庆祝节日。美丽的自然风光与浓郁的民族风情，不断吸引着外来游客，让他们从中体验别样的乡村生态文化。

（三）清明节

休溪村村民在清明这一天要扫墓祭祖，准备好酒、腊肉、面条、米饭、鸡蛋、香肠、糖等祭品，点香烛，插柳条，挂福钱，撒纸钱，放鞭炮，还要给坟茔添土和除草。有的家族还要在这一天举办清明会。2020年以来，村民积极响应政府号召，为了护林防火，不再点燃香蜡，仅静静放置一旁，并用纸花或鲜花祭拜。

（四）端午节

每年农历五月初五，休溪村每户人家的门口要挂上艾草、菖蒲，人们吃粽子、咸蛋，饮雄黄酒，给孩子脸上和耳朵上抹雄黄，以示避毒蛇害虫。据称，在这一天，人们不给牲畜看病，木匠不做工。

（五）七月半

又称鬼节。从农历七月十一至十五日，人们要在自家院坝里供奉祖先，烧香，燃松柏枝，烧纸钱，祈求祖先保佑后人。

（六）中秋节

在农历八月十五日，每户人家都要团年，准备酒、菜、月饼、水果，到龙嘴旁祭祀，为家人祈福保平安。

（七）羌年

羌年是羌族人民重要的节日。每年农历十月初一开始，要举行三至五天的庆典。这段时间，正好是作物丰收、冬耕结束之时，人们认为要感谢天神等诸多神灵，让一方风调雨顺，获得了粮食。举行的祭祀活动即为“秋酬”，与春季央儒节上的“春酬”相呼应。人们对着茫茫云雾，祈愿：

云来云去，
风调雨顺。
举起圣鼓虔诚祷告，
五谷丰收，
六畜兴旺。

长久的农耕生活，使羌族人民对牛有着深厚的感情。人们相信十月初一是耕牛“涅木”（nieamu）的生日，在这一天要举行所谓“牛王会”或“山王会”以示感谢。节前，人们提前把牛从山上赶回家，准备好荞麦粉或小麦粉，做成中间穿孔且大小各异的圆形馍馍。到初一这天，给牛喂盐、馍馍等，感谢它为主人家辛苦地劳作。主人家还要带一只鸡到庙里，杀鸡放血还

羌年祭云神　银福忠 / 摄

羌年祭山神　银福忠 / 摄

愿。回家后，在羊神[①]神位前烧柏枝，将有孔的馍馍放到牛圈前，用盆盛着点燃的柏枝，围绕牛圈用烟熏一圈，由长者用麻绳将有孔的馍馍穿起来，开始赞颂牛的功绩：

一年四季耕田犁地都要靠你，
收获全是你的功劳。
你是衣食与生命的父母，
力大不能言。
面馍就是日月，
今为你挂在角上，
光照一切……[②]

说毕，将馍馍挂在牛的两只角之间，若牛无角则挂在牛的颈项上。之后，将牛放出圈，任由它自由活动。三天后，主人家将牛赶回牛场，让它自由自在地休息。寒冬之日再将牛赶回圈内喂养，直至春耕。

以前，人们在农历十月初一并未统一进行大规模祭祀活动，而是三五家联合在一起，结为“牛亲家”，轮流坐庄，每年在其中一家进行祭祀，共同宰杀一只羊或几只公鸡，每家再拿出猪膘肉、香肠等聚餐，热闹一番，预示着顺利、合财。

渐渐地，每年农历十月初一这一天成为羌族民间最隆重、最喜庆的节日，称为“羌年”或“羌历年”。年节期间，各村寨的羌民共同举行多种仪式来庆丰收、送祝福、祈平安。后来，为促进各民族共同团结进步，阿坝藏族羌族自治州人民政府于1988年10月将“羌年”确定为羌族同胞的法定节日。从此，每年的农历十月初一这一天，羌族同胞与周边其他民族人民一起欢庆，让“羌

① 羊神：羌族以羊神为畜牧之神。当地村民多以泥石砌一个圆锥塔，内镶一白石做神位。

② 周巴.羌族文化拾零［M］.北京：中央民族大学出版社，2015：32.

跳锅庄　银福忠 / 摄

年”成为多民族共享的传统节日。这一天，在休溪村，人们共同庆贺，集体吃坝坝宴，跳锅庄，举行摔跤、推杆等比赛活动，唱起《庆祝歌》①：

旧年过了祥未尽，新年到了吉利临。
今天是个好日子，柏香香烟相缭绕。
神龛上方插青杉，一枝青杉发九枝。
神龛上方挂纸花，神花一朵发九朵。
男人下方十二排，女人上方十三排。
一辈人发成九辈，子孙万代永不废。
今天又是喜庆日，开坛酒先谢神灵。
好意！好意！

① 1989年记录于休溪村。演唱者：周礼珍；翻译者：周德仁；采录者：罗世泽；采录时间：1989年7月；采录地点：理县。载冯骥才. 羌族口头遗产集成：民间歌谣卷［M］. 北京：中国文联出版社，2009：334-335.

结 语

JIEYU

从休溪村看羌族文化的整体性保护

HLHOUJI CUIEI DE RRMA GAESSEAMEA AENA GVENYI BAOFU DEBU

文化遗产的生成具有时间性与空间性。其真实性价值与整体性价值互为构成，地方性价值与多样性价值互为索引，“其中所蕴含的是真实性、地方性与整体性的多重辩证”[①]。建立传统村落名录，对其实施保护，是我国文化遗产保护制度的一种手段，目的在于保护好村落的完整性、真实性和延续性，传承和弘扬优秀传统文化。

处于高山深谷的休溪村是羌族传统村落代表之一，也是羌族文化生态保护区的一部分。它真实地记录了羌族传统建筑风貌、传统空间形态及发生的现代变迁，是羌族人民创造物质财富的生产生活场所，是历史文化的见证与传承的重要载体，更是民族精神的家园。

传统村落属于自然生态系统的组成部分。作为重要的物质生活场所，休溪具有较为完整古朴的建筑风貌，与周边生态环境相适应，构成了村寨与自然生态为一体的空间。自然生态由山水地貌与田园环境组成。前者涵盖村寨四周山体水系的分布，以及地形地貌的状况。它们的存在是村寨得以建立的基础，从此角度看，也充分反映出羌族对自然生态的认识，体现出风水文化。后者是村寨建立后人们重塑周边生态，利用自然，维持生存的生产生活方式的表达。他们开垦土地，进行播种、耕耘与收获，种植粮食蔬菜与经济林木等，一幅幅田园风景成为村寨的本底环境。由此，自然生态空间成为整体性保护的一部分。

物质空间表现并承载了传统村落的价值。物质空间也被称为人工物质空

---

① 林秀琴. 整体性保护：价值、理念、实践及挑战——关于文化遗产保护创新的若干思考［J］. 福建论坛，2020（12）.

间。就村落而言，人们设计并通过勤劳的双手，构筑起由线层次与点层次组成的物质空间，这是人们在社会不断向前发展中积聚智慧的力量并长期实践的结果，从而反映出现实生产生活的物化场景。

线层次是指“村落中由街巷、水系几何轴线所构成的肌理”[①]。显然，街巷、水网、道路既是村落空间的有机链接，又是村落通往外界的空间延伸。顺山势而建的羌寨，对村落选址颇为讲究。建筑物之间的通道、独木梯、水沟等等均属于线层次的表达，它们起到了骨架作用，将村寨与外界有机地连接起来。

而点层次包括建筑空间和历史构筑物空间。建筑空间可分为传统建筑和现代建筑，前者为传统村落的表现核心，反映出历史性与文化性，后者则有别于前者，指主要运用现代材料进行修建的建筑体。而历史构筑物则指散落于村落的历史遗迹。从休溪村来看，其建筑空间具有特殊性。一方面，2008年“5·12”汶川特大地震，致使羌族居住地遭受重大自然灾害，被列入极重灾区，许多传统村落受损严重，有的甚至面临整体倒塌的危险。休溪村也进行了灾后重建。原有的建筑部分垮塌，经有关部门评估，村民就近整体搬迁，形成现有的居住格局。另一方面，灾后重建的家园既新修了现代建筑，增加了新的文化空间，又保留了部分传统建筑，只是外观上现代建筑与传统建筑略有不同，但传统建筑技艺得到了保留，并在原有基础上进行了加固防震处理。在室内空间，将原来的布局进行了优化。总体上，灾后恢复重建的休溪村依然具有浓郁的地方特色与民族特色。

社会文化空间升华了传统村落的内涵。在村落中生活的人，其日常生产生活与社会交往，随着时代发展，会日积月累地形成系列社会生活准则、风俗习惯，乃至民俗文化。物质文化与非物质文化的双重作用，推动了村落社会的有序运转。体现出来的村落文化有的以非物质文化为表现形式，有的以

---

① 储金龙，朱可嘉. 基于空间解构的传统村落整体性保护研究［J］. 安徽建筑大学学报，2018（8）.

物质文化为载体，但皆与人们对自然宇宙的认识、思想道德观念紧密关联，并通过人类的繁衍实现不断传承，促使村落富有生命力。只是在接续传承的过程中，文化具有脆弱性及流变的特征。

当今，城市化进程加快，像休溪村这样的传统村落也在发生着变迁。尽管它位居深山，但社会经济的发展、文化的传播与影响，仍然促使其社会结构发生着改变。只有对传统生活进行适时改造，不断满足人们在物质与精神上的需求，才会提升村民的幸福指数，并进一步增强凝聚力，激发出自主性，在乡村振兴中建立更加稳固的社会关系。

因此，在保护传统村落的过程中，从自然生态、物质空间及社会文化空间三个维度对其进行保护十分必要。这是实施整体性村落保护的重要方式，也是传统村落实现保护的必由之路。

其一，建立并维护自然生态空间的保护体系。

首先，要对传统村落所在地及周边环境予以充分的认识，因为这是村落形成并发展的基础。休溪村地处高半山上，所在地生态条件较好，农田分布在村落四周，建筑群较为集中，构成良好的山地村落整体风貌。按照自然生态的保护原则，应尽量维护其地形地貌，突出乡土的原真性，不乱采乱伐，不过多干扰生态景观。其次，对村落周边存在的自然灾害隐患点要进行有效治理，疏通河道，改善沿河两岸生态环境，确保用水安全，提升防洪能力。再次，在村寨及周边地区，尽量减少因使用现代材料造成对景观的破坏，特别是做好群众工作，回收处理好包括塑料薄膜在内的各种垃圾，避免乡土景观被破坏。

其二，建立并落实物质空间的保护体系。

对建筑物或建筑群体的保护，有利于塑造村落环境的氛围，有利于展示出村落的历史文化底蕴。一是强化线层次空间的稳定与顺畅。从国道317分岔进入蒲溪沟，道路周边地势陡峭，时常发生山体垮塌或泥石流。作为村落与外界联系的重要通道，确保道路安全性十分重要，需要做好维护工作。同时，村寨内部的巷道、水网的通连度也需要加强。二是对点层次的建筑空间及历史遗迹，应该按照“分区保护”的模式实现保护。对传统的建筑群，即搬迁之前未拆除的原有建筑进行维修加固，修筑道路，再现历史风貌，与现有居住区形成有机整体，成为村落整体性格局的一部分；对现居住地的建筑区要进行综合评估，完善基础设施，老建筑与灾后新建建筑要区分开来，划定建设控制区域，对其周边环境进行清理整治，维护整体风貌；对现存的古树、碑刻、庙宇、古墓等历史遗留物，要分类进行维修保护。

其三，建立并完善社会文化空间的保护传承体系。

“民俗文化的保护是以人为载体的活态文化形态，它的生命力体现在传承力上。”[①]对村落中民间自发建立的博物馆，可以通过相关部门的介入实现进一步深化，进行合理而科学的展陈，讲好村落故事，突显出村落的文化与变迁。对民俗事象，因其文化内涵十分厚重，尤其非物质文化遗产资源丰富多彩，可以通过进一步的挖掘、梳理与研究，提升休溪村的整体性文化价值，并实现与乡村振兴有效地融合发展。

活态文化传承是传统村落保护的重点。在蒲溪乡举办的夬儒节等盛大民俗活动，反映出休溪村活态传承群体能力较强。但要看到，参与者不仅仅是本村落的人，还打破了行政区划界限，将蒲溪乡其他村落的传承群体囊括进来，因为他们同样是文化活动的主力军，这是在共有历史文化基础上进行的文化资源整合。与此同时，节日活动中繁杂的内容安排，与熟知民风民情，热心保护当地文化的编导者分不开，他们共同构成了文化的传承群体。这种源于民间的自发的驱动力，有力地彰显出独具特色的蒲溪沟文化，显得弥足珍贵，值得弘扬！

因而，对村落的文化保护，要结合当地的实际情况，重视文化的延伸性与拓展方向，不仅要保护好休溪村的传统文化，更要保护好与之往来频繁，有共同文化基础的周边村落的文化，这些不同村落的文化由点到面，共同组

① 杨曦宇. 古村落非物质文化遗产的挖掘及保护——以历史文化名村迤沙拉村为例[J]. 大众科技，2011（11）.

成了羌族丰富的文化生态体系。从此意义上讲，这种文化既有地方特性，又有区域性特点，以“融”字促羌族整体性文化的保护和发展。这不仅有利于维护村落与自然生态的平衡，延续固有的传统生活，还有利于文化的保护与传承。人们在此环境中，不断地增添文化自豪感，激发出更大的积极性和自发性，投身到“爱国爱家乡”的行动中。

总而言之，传统村落是人类文明发展的根源，对其保护不能单纯地就村落保护而保护村落，而是应该将自然、村落、社会与文化视为一体，保持乡土文化的完整性与原真性，使自然环境与人文环境、物质文化遗产与非物质文化遗产、村落与居民建立起相互依存、共生共荣、有机融合的关系。在此基础上，以“见人见物见生活”的理念，兼顾经济发展，走共同富裕之路，促使村村寨寨充满活力，实现文化遗产区域性整体保护，并成为推动中华优秀传统文化创造性转化和创新性发展的重要实践场域。

供奉的羊头　银福忠 / 摄

在此，以一首流传于蒲溪一带，集叙事、抒情于一体的古老山歌《巴耶》[①]作为结尾，歌词表达了人们对家乡的赞美之情。

我生活在高高的羌寨，
大山啊，是世代平安的守护神；

① 此歌由姜祥忠、王小刚整理，王小刚演唱。

白云啊，是姑娘曼妙的轻纱。
我唱起这首最古老的歌谣，
歌唱我最美的家乡。
我生下来就是穷人家的儿子，
小羊啊，你是最懂我心思的伙伴；
姑娘啊，你的脸美若羊角花开。
我唱起这首最古老的歌谣，
歌唱我最美的心上人。
我祖祖辈辈都生活在这里，
纳旭[①]啊，尽情地跳起来；
转转酒[②]啊，开心地转起来。
我唱起这首最古老的歌谣，
歌唱我最美的亲人。

休溪村　银福忠 / 摄

① 纳旭：指羌族锅庄。
② 转转酒：指咂酒。

附录

SHI NEDA SSEADDEA

一、理县羌族非遗名录

联合国教科文组织（1项）

项目类别	项目名称	时间
民俗	羌年	2009年10月13日

国家级（1项）

项目类别	项目名称	项目编号	时间和入选批次	项目保护单位
民俗	羌年	X–82	2008年第二批	茂县文化馆、汶川县文化馆、理县文化馆、北川羌族自治县文化馆

省级（7项）

序号	项目名称	项目编号	时间和入选批次	项目保护单位
一、传统音乐				
1	口弦（羌族口弦）	Ⅱ–28	2007年第一批及扩展项目	北川羌族自治县文广新旅局、汶川县文化馆、理县文化体育局、茂县文化馆
2	花儿纳吉	Ⅱ–72	2018年第五批	理县文化馆
二、传统舞蹈				
3	羌族羊皮鼓舞	Ⅲ–16	2007年第一批	汶川县文化体育局、理县文化体育局、茂县文化体育局

续表

序号	项目名称	项目编号	时间和入选批次	项目保护单位
三、传统戏剧				
4	羌族释比戏	Ⅳ-16	2014年第四批	理县文化馆
四、传统技艺				
5	羌族碉楼营造技艺	Ⅷ-33	2009年第二批	汶川县文化馆、茂县文化馆、理县文化馆、松潘县文化馆、黑水县文化馆、北川羌族自治县文化馆、平武县文化馆
五、民俗				
6	羌年	X-3	2007年第一批	茂县文化体育局、汶川县文化体育局、理县文化体育局、北川羌族自治县文广新旅局
7	羌族夬儒节	X-80	2014年第四批	理县文化馆

州级（29项）

序号	项目名称	项目编号	时间和入选批次	项目保护单位
一、民间文学				
1	木姐珠与斗安珠	Ⅰ-1	2006年第一批	汶川县文化馆、茂县文化馆、理县文化馆
2	羌戈大战	Ⅰ-2	2006年第一批	汶川县文化馆、茂县文化馆、理县文化馆
3	人是青蛙变成的	Ⅰ-29	2006年第一批	理县文化馆
4	大禹传说	Ⅰ-2	2010年第二批	汶川县文化馆、理县文化馆、茂县文化馆
5	释比唱经	Ⅰ-3	2010年第二批	茂县文化馆、汶川县文化馆、理县文化馆
二、传统音乐				
6	羌族仪式歌	Ⅱ-3	2006年第一批	理县文化馆
7	羌族口弦吹奏	Ⅱ-4	2006年第一批	汶川县文化馆、理县文化馆、茂县文化馆
8	花儿纳吉（情歌）	Ⅱ-5	2006年第一批	理县文化馆

续表

序号	项目名称	项目编号	时间和入选批次	项目保护单位
9	羌族唢呐	Ⅱ-1	2012年第三批	理县文化馆
10	羌山锣鼓	Ⅱ-6	2018年第四批	理县文化馆
三、传统舞蹈				
11	羊皮鼓舞	Ⅲ-5	2006年第一批	汶川县文化体育局、理县文化体育局、茂县文化体育局
四、传统戏剧				
12	羌族傩戏（羌族释比戏）	Ⅳ-1	2012年第三批	理县文化馆、茂县文化馆
五、游艺、传统体育与竞技				
13	羌族推杆	Ⅵ-1	2010年第二批	汶川县文化体育局、茂县文化体育局、理县文化体育局
14	释比绝技	Ⅵ	2022年第一批扩展	理县文化馆
六、传统美术				
15	羌族碉楼建筑	Ⅶ-2	2006年第一批	茂县文化体育局、汶川县文化体育局、理县文化体育局
16	桃坪羌寨民居建筑	Ⅶ-19	2006年第一批	理县文化馆
17	羌族碉楼及民居营造技艺	Ⅶ-1	2010年第二批	汶川县文化体育局、茂县文化体育局、理县文化体育局、松潘县文化体育局、黑水县文化体育局
七、传统技艺				
18	羊皮鼓制作	Ⅷ-1	2010年第二批	汶川县文化馆、理县文化馆、茂县文化馆
19	剪纸（羌剪纸）	Ⅷ-1	2012年第三批	理县文化馆
20	羌族羊皮褂传统制作技艺	Ⅷ	2018年第四批	理县文化馆
21	羌族牛羊毛毡传统制作技艺（“素勒拔蹬”）	Ⅷ	2018年第四批	理县文化馆
22	羌族木锁制作技艺	Ⅷ	2022年第五批	理县文化馆

续表

序号	项目名称	项目编号	时间和入选批次	项目保护单位
23	麻布编制技艺	Ⅷ	2022年第一批扩展	理县文化馆
八、民俗				
24	挂红习俗	Ⅹ-2	2006年第一批	茂县文化馆、理县文化馆、汶川县文化馆
25	火葬习俗	Ⅹ-16	2006年第一批	茂县文化馆、理县文化馆、汶川县文化馆
26	羌历年	Ⅺ-11	2006年第一批	汶川县文化馆、理县文化馆、茂县文化馆、松潘县文化馆
27	白石信仰	Ⅻ-3	2006年第一批	汶川县文化馆、理县文化馆、茂县文化馆
28	转山会	Ⅻ-8	2006年第一批	茂县文化馆、汶川县文化馆、理县文化馆
29	羌族夬儒节	Ⅹ-1	2012年第三批	理县文化馆

县级（65项）

序号	项目名称	时间和入选批次	项目保护单位
一、民间文学			
1	严木初拉	2006年第一批	理县文化馆
2	人是青蛙变成的	2006年第一批	理县文化馆
3	巴白姑都吉	2006年第一批	理县文化馆
4	寡母子树	2006年第一批	理县文化馆
5	木姐珠与斗安珠	2006年第一批	理县文化馆
6	大禹传说	2006年第一批	理县文化馆
7	羌戈大战	2010年第二批	理县文化馆
8	聂比娃耕地	2021年第四批	理县文化馆
9	尕尔都	2021年第四批	理县文化馆
10	普格降雨	2021年第四批	理县文化馆

续表

序号	项目名称	时间和入选批次	项目保护单位
二、传统音乐			
11	羌族民间歌谣：《花儿纳吉》《耕地歌》《薅草歌》《割麦歌》《打麦歌》《点兵歌》《求雨歌》《迎亲歌》《打猎歌之曲》《瓦西切玛》等	2006年第一批	理县文化馆
12	羌族仪式歌	2010年第二批	理县文化馆
13	羌族唢呐	2010年第二批	理县文化馆
14	羌族口弦吹奏	2010年第二批	理县文化馆
15	羌笛演奏	2014年第三批	理县文化馆
16	羌山锣鼓	2014年第三批	理县文化馆
三、传统舞蹈			
17	羊皮鼓舞	2006年第一批	理县文化馆
18	哟粗步	2006年第一批	理县文化馆
19	布兹拉	2006年第一批	理县文化馆
20	羌族锅庄	2006年第一批	理县文化馆
21	狮子舞	2006年第一批	理县文化馆
22	巴勒布铓敉	2010年第二批	理县文化馆
四、传统美术			
23	碉楼建筑工艺（碉楼营造技艺）	2006年第一批	理县文化馆
24	剪纸（羌族剪纸）	2006年第一批	理县文化馆
25	刺绣（羌绣）	2006年第一批	理县文化馆
26	龙灯、狮子的制作	2006年第一批	理县文化馆
27	桃坪羌寨民居建筑（碉楼营造技艺）	2010年第二批	理县文化馆
五、传统医药			
28	羌医药	2014年第三批	理县文化馆
六、传统戏剧			
29	羌族傩戏（羌族释比戏）	2010年第二批	理县文化馆
七、游艺、传统体育与竞技			
30	秋千、抱蛋、拳下翻身、爬天杆、丢窝	2006年第一批	理县文化馆

续表

序号	项目名称	时间和入选批次	项目保护单位
31	羌族推杆	2010年第二批	理县文化馆
32	羌族推杆拔河	2014年第三批	理县文化馆
33	释比绝技	2014年第三批	理县文化馆
八、传统技艺			
34	羊皮鼓制作	2010年第二批	理县文化馆
35	麻布衣服制作	2014年第三批	理县文化馆
36	冶铁工艺	2014年第三批	理县文化馆
37	木工工艺	2014年第三批	理县文化馆
38	羌笛制作	2014年第三批	理县文化馆
39	银饰制作	2014年第三批	理县文化馆
40	羊皮褂制作	2014年第三批	理县文化馆
41	羌族素勒波蹬毡制作工艺	2014年第三批	理县文化馆
42	羌餐烹饪	2014年第三批	理县文化馆
43	藏羌服饰制作	2021年第四批	理县文化馆
44	麻布纺织	2021年第四批	理县文化馆
45	羌族草鞋制作技艺	2021年第四批	理县文化馆
46	羌族腊肉腌制	2021年第四批	理县文化馆
47	石磨豆花制作	2021年第四批	理县文化馆
48	太阳馍馍、月亮馍馍、人人馍馍制作	2021年第四批	理县文化馆
49	羌族洋芋糍粑制作	2021年第四批	理县文化馆
50	青稞酒（咂酒）	2021年第四批	理县文化馆
51	理县咸菜制作（盐韭菜、蒜白菜、酸菜、酸萝卜腌制）	2021年第四批	理县文化馆
九、民俗			
52	羌族婚礼	2006年第一批	理县文化馆
53	羌族葬仪：火葬、土葬	2006年第一批	理县文化馆
54	羌历年	2006年第一批	理县文化馆
55	俄比且迪（白石崇拜）	2006年第一批	理县文化馆
56	多神巫术信仰	2006年第一批	理县文化馆
57	挂红习俗	2010年第二批	理县文化馆

续表

序号	项目名称	时间和入选批次	项目保护单位
58	转山会	2010年第二批	理县文化馆
59	羌族夬儒节	2010年第二批	理县文化馆
60	人人馍馍	2014年第三批	理县文化馆
61	释比唱经	2014年第三批	理县文化馆
62	羌族祝酒唱颂	2014年第三批	理县文化馆
63	释比传承人	2014年第三批	理县文化馆
64	还愿祭祀	2021年第四批	理县文化馆
65	羌族丧葬习俗	2021年第四批	理县文化馆

二、理县羌族非遗传承人名录

省级（4人）

序号	姓名	项目名称	入选批次	所属区域
一、传统音乐				
1	韩青光	羌族口弦	第二批	蒲溪乡河坝村
2	杨开富	花儿纳吉	第七批	通化乡西山村
二、传统技艺				
3	王露群	羌族传统刺绣工艺	第二批	桃坪镇桃坪村
4	马位金	羌族碉楼营造技艺	第七批	桃坪镇佳山村
三、民俗				
	王福山	羌年	第二批	蒲溪乡休溪村

州级（12人）

序号	姓名	项目名称	入选批次	所属区域
一、传统文学				
1	王小刚	释比唱经	第四批	蒲溪乡休溪村
二、传统音乐				
2	韩海林	花儿纳吉	第一批	蒲溪乡休溪村
3	马飞兰		第一批	蒲溪乡休溪村
4	周赛姑	羌族口弦	第二批	蒲溪乡河坝村

续表

序号	姓名	项目名称	入选批次	所属区域
5	余永光	羌族唢呐	第四批	通化乡西山村
三、传统美术				
6	杨国军	羌族碉楼营造技艺	第二批	桃坪镇东山村
7	王文德	羌族碉楼营造技艺	第三批	通化乡西山村
8	韩龙康	剪纸	第四批	县城老街芙蓉小区
四、传统技艺				
9	杨三秀	羌族刺绣	第四批	桃坪镇佳山村
10	张居悦	羌族刺绣	第四批	薛城镇沙金村
五、民俗				
11	王富贵	羌年	第二批	通化乡西山村
	杨光成	羌年	第一批	通化乡西山村
12	余朝云	白石信仰	第四批	通化乡西山村

县级（49人）

序号	姓名	项目名称	入选批次	所属区域
一、传统音乐				
1	周德仁	羌族山歌	第一批	桃坪镇桃坪村
2	杨水秀	羌族山歌	第一批	通化乡西山村
	余珍玉	羌族山歌	第一批	桃坪镇桃坪村
	苏润生	羌族山歌	第一批	桃坪镇佳山村
	王慧芝	羌族山歌	第二批	桃坪镇桃坪村
3	韩金芝	口弦	第二批	蒲溪乡蒲溪村
4	韩保花	口弦	第三批	蒲溪乡蒲溪村
5	左安群	口弦	第三批	蒲溪乡河坝村
6	王香姑	口弦	第三批	蒲溪乡河坝村
7	杨 平	羌笛演奏	第三批	杂谷脑镇
8	余跃文	唢呐	第三批	通化乡西山村
9	杨明忠	唢呐	第三批	木卡乡列立村

续表

序号	姓名	项目名称	入选批次	所属区域
10	徐龙保	山歌、情歌	第三批	甘堡乡联合村
11	余竹保		第三批	蒲溪乡休溪村
二、传统舞蹈				
12	王建康	羊皮鼓舞	第三批	蒲溪乡休溪村
13	王德林		第三批	蒲溪乡休溪村
14	孟龙刚		第三批	蒲溪乡休溪村
15	杨保成		第三批	蒲溪乡蒲溪村
16	王金山		第三批	蒲溪乡奎寨村
三、传统体育与竞技				
17	蒲　伟	羌族推杆拔河	第一批	杂谷脑镇
18	韩伍金	释比绝技	第三批	蒲溪乡奎寨村
	韩端公		第一批	蒲溪乡蒲溪村
四、传统技艺				
19	龙升玉	麻布衣服制作工艺	第一批	桃坪镇桃坪村
20	李书汉	羌餐烹饪	第一批	薛城镇较场村
21	邱盛军		第一批	薛城镇较场村
22	孟子成	羊皮鼓制作	第三批	蒲溪乡休溪村
23	王保荣	羌笛制作	第三批	蒲溪乡休溪村
24	周树明	羊皮褂制作	第三批	桃坪镇桃坪村
五、传统医药				
25	陈明其	羌医药	第一批	桃坪镇桃坪村
六、传统美术				
26	潘云兰	羌族刺绣	第三批	桃坪镇增头村
27	王明香		第三批	通化乡通化村
28	杨德凤		第三批	通化乡三岔村
29	张韩燕		第三批	通化乡甘溪村
30	韩龙真		第三批	蒲溪乡蒲溪村

续表

序号	姓名	项目名称	入选批次	所属区域
31	潘术艳	羌族剪纸	第三批	桃坪镇增头村
32	饶清姑娘		第三批	蒲溪乡蒲溪村
33	杨国辉	碉楼营造技艺	第三批	通化乡西山村
七、传统戏剧				
34	韩富保	释比戏	第三批	蒲溪乡蒲溪村
35	饶富民		第三批	蒲溪乡蒲溪村
36	韩水云		第三批	蒲溪乡蒲溪村
37	杨树林		第三批	蒲溪乡蒲溪村
38	王相全		第三批	蒲溪乡蒲溪村
39	杨德林		第三批	蒲溪乡蒲溪村
40	韩双保		第三批	蒲溪乡蒲溪村
41	王友顺		第三批	蒲溪乡蒲溪村
八、民俗				
42	杨家正	转山会	第一批	桃坪镇桃坪村
43	王科贤	羌族挂红	第二批	杂谷脑镇
44	王嘉俊	白石崇拜	第二批	桃坪镇桃坪村
45	王富贵	羌年	第二批	通化乡西山村
	杨茂山	羌年祭祀	第二批	桃坪镇增头村
46	杨东青	释比唱经	第三批	通化乡三岔村
47	王小勇		第三批	蒲溪乡休溪村
	周润清		第二批	甘堡乡联合村
48	祁秋生	释比传承人	第三批	蒲溪乡奎寨村
49	王科贤	羌族祝酒唱颂	第三批	杂谷脑镇
九、民间文学				
	周德文	羌戈大战	第一批	桃坪镇桃坪村
	杨步山		第二批	桃坪镇增头村

参考文献

CAENKAO BUS SSEDD

［1］［清］陈克绳，毕成裕校注. 保县志（卷二）：民居［M］. 阿坝州地方志编纂委员会，1998.

［2］理县志编纂委员会. 理县志［M］. 成都：四川民族出版社，1997.

［3］阿坝州地方志编纂委员会. 阿坝州羌族志［M］. 成都：巴蜀书社，2015.

［4］理县地方志编纂委员会. 理县志（1991—2005）［M］. 北京：方志出版社，2013.

［5］李绍明，程贤敏. 西南民族研究论文选［M］. 成都：四川大学出版社，1991.

［6］俞荣根. 羌族习惯法［M］. 重庆：重庆出版社，2000.

［7］卢丁，工藤元男. 中国四川西部人文历史文化综合研究［M］. 成都：四川大学出版社，2003.

［8］李绍明. 巴蜀民族史论集［M］. 成都：四川人民出版社，2004.

［9］《羌族词典》编委会. 羌族词典［M］. 成都：巴蜀书社，2004.

［10］李绍明，周蜀蓉. 葛维汉民族学考古学论著［M］. 成都：巴蜀书社，2004.

［11］马长寿. 氐与羌［M］. 桂林：广西师范大学出版社，2006.

［12］黄成龙. 蒲溪羌语研究［M］. 北京：民族出版社，2006.

［13］《行游理县》编委会. 行游理县［M］. 成都：四川美术出版社，2006.

［14］王明珂. 寻羌：羌乡田野杂记［M］. 北京：中华书局，2009.

［15］赵曦. 神圣与亲和：中国羌族释比文化调查研究［M］. 北京：民族出版社，2010.

［16］四川省音乐舞蹈研究所. 羌族文化传承人纪实录［M］. 成都：四川科学技术出版社，2012.

［17］周巴. 羌族文化拾零［M］. 北京：中央民族大学出版社，2015.
［18］《汶川特大地震理县抗震救灾志》编纂委员会办公室. 汶川特大地震理县抗震救灾志［M］. 北京：开明出版社，2016.
［19］《传承者说——羌族文化传承人口述史》编写组. 传承者说——羌族文化传承人口述史［M］. 成都：四川大学出版社，2017.
［20］李祥林. 民俗事象与族群生活——人类学视野中羌族民间文化研究［M］. 北京：中国社会科学出版社，2018.
［21］耿静. “5·12”震后羌族移民文化变迁和心理调适研究［M］. 北京：民族出版社，2018.
［22］王明军. 薛城史话［M］. 上海：文汇出版社，2018.
［23］耿静. 羌族非物质文化遗产［M］. 成都：四川民族出版社，2021.
［24］蔡清. 羌区文物古迹［M］. 成都：四川民族出版社，2021.
［25］《理县剪纸》编写组. 理县剪纸［M］. 成都：四川民族出版社，2020.
［26］西南民族学院民族研究所. 羌族调查材料［R］. 内部印刷，1984.
［27］政协理县委员会文史资料编辑委员会. 理县政协文史资料选辑：第一辑［R］. 内部印刷，1997.
［28］政协理县委员会文史资料编辑委员会. 理县政协文史资料选辑：第二辑［R］. 内部印刷，2006.
［29］政协理县委员会文史资料编辑委员会. 理县政协文史资料选辑：第三辑［R］. 内部印刷，2013.
［30］政协理县委员会文史资料编辑委员会. 理县政协文史资料选辑：第四辑［R］. 内部印刷，2014.
［31］阿坝州政协文史和学习委员会. 阿坝文史第四十一辑：红军长征过雪山草地大事记［R］. 内部印刷，2016.
［32］政协理县委员会文史资料编辑委员会. 理县政协文史资料选辑：第五辑［R］. 内部印刷，2018.

后 记

SHENDA SSEAMEA

有幸参与“藏羌彝文化走廊传统村落研究丛书”项目，心中十分喜悦。这是一次难得的机会，让我再次与羌族传统村落结缘。

时光回到2006年，四川省民族研究所策划“藏彝走廊研究丛书”，欲通过研究成果深化人们对藏彝走廊的认识，由此推动藏彝走廊建设，使之成为我们理解中华民族多元一体格局的一把钥匙。我选择调查岷江上游最大的羌寨——萝卜寨，调查成果《汶川萝卜寨田野调查报告》作为丛书中的一本，得以顺利出版，反映了高山羌寨的历史变迁。比较难得的是，“5·12”汶川特大地震给这个村寨带来了毁灭性的打击，虽灾后恢复重建的萝卜寨已涅槃重生，但之前的许多记录也就成了珍贵的资料。

随后，我对羌村山寨零零星星地展开了一些调研，但总觉得不深入不全面，直到此套丛书出版计划问世。利用萝卜寨调查给我带来的些许经验，我想在理县选点，考虑到桃坪羌寨已是闻名遐迩，调研成果特别多，就把视线转移到了高半山。当时，在我面前可供选择的国家级传统村落有两个，一个是休溪村，另一个是增头村。我在2009

年做服饰调研时去过休溪，那里的人们穿着的服饰古朴自然，有一种别样的韵味，给我留下了美好的印象。2013年，我也来过，调研时间不长。我观察到，蒲溪乡一带民风淳朴，民众生活习俗非常一致，他们热情好客，对传统文化有热爱，有传承，保护文化的内生动力很强。这种情感已无数次打动了我。于是，我选择了休溪村。

在蒲溪乡，蒲溪村也是非常有名的寨子，村落规模大，历史悠久，底蕴深厚，至今文化保存完好，虽然没有入选传统村落名录，实际上非常值得书写。虽然有点遗憾，但想到文化的相似性，尤其在民俗活动上，蒲溪乡各村寨的群众彼此认同度高，参与性强，我认为，讲休溪文化实际上也是在讲蒲溪村的文化，心中也就释然了。在2019年农历二月初二日夬儒节举行之际，我提前几天来到了休溪村。此时的村寨冬意浓浓，寒风凛冽，四处白雪皑皑。我和时为成都文化产业学院旅游专业的学生陈宗妞一起住进了老书记王树清的家。每天，在他的帮助下，我们采访、整理资料，调研进展顺利。半月之后，才离开休溪。不巧的是，写作一直断断续续。特别是从当年6月起，我因伤病被迫在家休养了一段时间，康复后又因诸多杂事，写作一直未完成。2020年夬儒节期间，我又去休溪村进行了补充调研，后又通过面谈或微信留言，与韩树康、韩龙康等人进行交流。终于，在2022年经历因高温限电及疫情而居家办公这一特殊时期后，交出了书稿初稿。

写作过程中，极力寻找有关理县的文献著作，发现涉及蒲溪或休溪的资料很少，只能结合田野调查资料尽力而书。其间，得到了理县人大、文旅局、住建局，蒲溪乡政府，休溪村委会的支持，还有众多朋友的帮助，他们是李洪军、韩海林、韩树康、韩龙康、王小刚、王树清、孟子成、孟绍珍、王强美等人。特别感谢摄影者银福忠老师，他将长期积累的摄影资料毫无保留地贡献出来，还为全书图文编排给予建议。本书还使用了王福耀、蒲伟、刘超等人的部分图片及周国强老师所绘钢笔画，在此一并致谢！值得一提的是，茂县志办王术德老师和四川省民族研究所陈安强副研究员，毫无怨言地通阅全文，仔细标注羌文（以蒲溪羌语发音为准，按羌文书写规范标注）和国际音标（后考虑丛书体例的统一性被删除），并提出宝贵的意见。因此，这本书算是集体合作的成果！诚然，调研下沉时间不够，许多文化资源还没有挖掘梳理是本书的遗憾。但我仍希望通过呈现村落的基本信息，抛砖引玉，为休溪村村落保护提供依据，为其实现可持续发展尽绵薄之力。

最后，感谢丛书主编四川大学李锦教授，自始至终，我的学术成长，离不开她的关心和支持！感谢四川民族出版社的秦琳编辑，她的耐心细致与专业严谨确保了本书的顺利出版。

耿静

2023年8月28日